I0137530

O QUE EU SOU?
UM ESTUDO DA VIDA
NÃO-VOLITIVA

Galen Sharp

Traduzido para o Português por
Ronnye e Lorrannye Simas

Tandava Press

Direitos Autorais© 2016 por Galen Sharp

Todos os direitos reservados. Nenhuma parte deste livro pode ser re-produzido em qualquer forma ou por qualquer meio eletrônico ou mecânico, incluindo, mas não limitados para: Armazenamento de informação, gravação, foto cópia, e sistemas de recuperação ou por qualquer outro meio, sem a permissão por escrito do editor e autor, exceto por um revisor, que poderá citar breves passagens em uma revisão.

ISBN: 978-0-9943779-9-9

Design de Capa por Lewis Agrell
Fotografia do Autor por Glenn Cuerden
Editadopor Tony Cartledge

O Que Eu sou? Um Estudo da Vida Não-Volitiva /por Galen Sharp

Traduzido para o Português por Ronnye e Lorrannye Simas

Tandava Press
www.tandavapress.com
info@tandavapress.com

Para Terence James Stannus Gray, também
conhecido como Wei Wu Wei.
Embora este não seja tão conciso,
nem tão eloqüente,
nem tão profundo quanto o que você nos deu,
é uma sensivel tentativa de lhe agradecer e honrar.

"Para-o-que-e-e, para-o-qu-e-e-e, para-o-que-e-e-em,
respondeu a coruja para o coelho."

Terence Gray como O.O.O.
*Do livro: "Unworldly Wise, as the owl remarked to
the rabbit"*

AGRADECIMENTOS

Para Tony Cartledge, meu editor, por sua sensibilidade ao conteúdo e capacidade para ajudar a esclarecer passagens complexas e sua dedicação entusiástica ao livro.

Para David Rivers, meu editor, e Natasha Rivers pelo seu trabalho árduo, compreensivo e seu comprometimento para imprimir este livro.

Para Bobbie Sharp minha esposa, por suas perspicazes sugestões e conselhos excelentes, a ajuda na revisão da leitura e seu encorajamento infalível.

Para Larry Smitherman, meu amigo, por seu layout bonito livro e design tipográfico.

Sem eles eu teria apenas um grande arquivo de computador eo leitor não teria este livro.

CONTEUDO

INTRODUÇÃO

"Trinta anos atrás, pensávamos que estávamos caminhando para a realidade última de um modelo mecânico. Hoje há um grande consenso, que no lado físico da ciência, se aproxima quase à unanimidade, que o fluxo de conhecimento está caminhando para uma realidade não-mecânica; o universo começa a se parecer mais com um grande pensamento do que com uma grande máquina. A matéria é derivada de consciência, não consciência da matéria."

(Grifo nosso)

- Sir James Jeans

(Physics and Beyond por Werner Heisenberg).

Você está pronto para uma aventura intrigante em um território novo e praticamente inexplorado? Como você pode ver a partir do título, este é um tipo diferente de livro sobre algumas idéias muito diferentes. Ele explora uma variedade de temas como ciência, filosofia, física quântica e até mesmo alguns dos antigos mestres em busca de uma forma mais elevada de conhecer o mundo e a nós mesmos. E através das onze Meditações Da Realidade você será capaz de examinar seus próprios mecanismos mentais e descobrir como eles realmente funcionam, examine quem e o que você realmente é, e descubra por que você está aqui.

Se você é um pouco inconformista, este livro poderá lhe ser util. E se você gosta de paradoxos e mistérios ele irá fasciná-lo também. Em qualquer caso, você terá um sentimento de admiração, bem como uma sensação de aventura. Mas o ponto não é por apenas ser diferente ou misterioso, mas, na verdade, para abrir nossa percepção para uma dimensão superior. Esta não é apenas uma figura de linguagem ou apenas uma nova metáfora para algo convencional, mas um reino real existente neste momento, juntamente com o mundo em que agora voce observa. Esta nova realidade, é claro, não é nada nova. Tem sido falada e procurada por milhares de anos. É, no entanto nova para a maioria das pessoas.

Depois de se tornar consciente desta realidade, você também irá reconhecer outros que chegaram antes de você. Isto não é algum tipo de grupo elitista ou superior, embora muitos tenham procurado, sem sucesso por isso. Aqueles que vivem nesta realidade não podem mesmo parecer como alguém diferente para a população em geral, mas você vai reconhecê-los. E, por isso mesmo, você poderá atrair alguns novos amigos.

Minha própria transformação teve início quando eu comecei a fazer as mesmas perguntas que exploro neste livro. Eu descobri que o que eu chamava da realidade foi formada a partir de um modelo de mundo que me foi ensinado quando eu ainda era jovem, e não a verdade. Eu também descobri que ela era a razão por trás da minha falta de satisfação e toda a minha infelicidade e frustração. Ao descobrir isso por si mesmo e contemplar as Meditações da Realidade, você também irá começar a ver o mundo de uma forma diferente e sua mente vai começar a operar de uma nova maneira, não condicionada e espontânea, da forma como ela foi concebida para operar.

No entanto, você deverá ver isso por si mesmo. Você deve olhar para si mesmo descobrir por si proprio. Ninguém pode fazer isso por você.

Mas é isso que a torna uma aventura.

O PRÓXIMO PASSO
DA HUMANIDADE?

No filme clássico *2001: Uma Odisséia no Espaço,* escrito por Stanley Kubrick e Arthur Clark, o homem descobriu o Stargate e alcançou um novo nível mais elevado, de consciência que abriu uma dimensão superior à sua percepção. O filme apresenta uma consciência mais elevada como um próximo passo plausível para a humanidade.

No início retrata o anterior Homo Sapiens a partir do macaco, de consciência primitiva para um novo tipo de consciência incorporando o pensamento racional e um conceito desenvolvido de si mesmo. Isso sugere que algo aconteceu com a mente do macaco para iniciar um novo modo de funcionamento, o que deu início à era do pensamento primata. À medida que o filme contiua, os seres humanos - após desenvolver plenamente esta nova função - são capazes de chegar ao espaço exterior e ao Stargate, que abriu ainda outra qualidade profunda de consciência.

Muitos de nós somos tomados por uma esperança semelhante, a visão de que algo do tipo, na verdade, que está por vir. Também foi sugerido que, para compreender as experiências místicas e psíquicas, devemos procurar um novo modelo da realidade, uma visão de mundo maior que incorpore um paradigma que dê espaço para o espiritual eo místico.

Progresso Científico Rumo a um Novo Modelo De Realidade

O vanguarda da investigação científica está agora no campo da física de partículas de alta energia, o que é esperado, irá conduzir a uma compreensão da estrutura básica da matéria. Acredita-se que isso irá ser a chave para os mistérios do universo. Alguns físicos também esperam que isso responderá muitas das perguntas sobre as experiências místicas e paranormais e abrir o caminho para uma maior consciência.

Um aspecto importante da física moderna é a busca de uma teoria do campo unificada. Esta reuniria os quatro (conhecidas) forças básicas da natureza - eletromagnetismo, gravidade, fortes e fracos das forças nucleares - e irá uni-los em uma equação equilibrada.Isso significaria que as quatro forças fundamentais são todas uma, ainda que manifesta de diferentes maneiras. No entanto, uma teoria do campo unificado ainda não foi concluída para a satisfação da maioria dos físicos. De fato, quanto mais profundo se mergulha no átomo as coisas mais estranhas aparecem.

Acontecem coisas que não se encaixam em nossa visão convencional física da realidade.

Por exemplo, a ilustração de Sir Arthur Eddington em sua tabela, revela que não há "nada físico em todo o universo, apenas campos de forças." Eddington, em seu livro, The Nature of the Physical World descreve a sua tabela em termos científicos como "na maior parte vazio, esparsamente espalhados no vazio inúmeras cargas elétricas correndo com grande velocidade ... há uma grande diferença entre a minha tabela científica com a sua substância (se houver) finamente dispersa em manchas em uma região quase vazia e a tabela da concepção todos os dias que consideramos como o tipo de da realidade sólida." (p. xii-xiii) Ele também diz: "a revelação pela física moderna do vazio dentro do átomo é mais preocupante do que a revelação pela astronomia do imenso vazio do espaço interestelar."

Um aspecto comprovado da principal incerteza de Heisenberg, afirma que o observador não está separada da partícula observada. Como Sir James Jeans resume na citação na página XV, os físicos são quase unânimes de que estamos caminhando para a revelação de uma realidade não-mecânica. Agora compare estas observações científicas modernas com esta citação do mestre Zen do século IX, Hsi Yün (Huang Po): "Desde o primeiro até o último, nem mesmo o mais pequeno grão de qualquer coisa perceptível (ou tangível) nunca existiu e nunca existirá."

E também, "Além disso, ao contemplar, assim, a totalidade dos fenômenos, você está contemplando a totalidade da Mente." (The Zen Teachings of Huang Po)

Não são apenas nossos conceitos cotidianos de materialidade a ser quebrados, mas também parece ter cada vez mais evidências de uma unidade básica subjacente a toda fenomenalidade e a consciência do observador.

Unidade e Consciência

A teoria da unidade essencial de toda a natureza e consciência, é claro, não é exclusiva da física moderna. É uma crença que atravessa o Oriente, bem como o misticismo ocidental. E a idéia realmente cresce em força e destaque, uma vez que é seguida de volta para mais sistemas de crenças antigas.

A ciência agora relutantemente admite que a própria consciência é o fator chave da manifestação física no nível mais básico. Eles têm pelo menos reconhecido que a consciência está envolvida e realmente capaz de provocar a manifestações de fenomenalidade (como iremos explorar no capítulo Um Novo Paradigma). Uma melhor compreensão desta conexão irá ajudar a abrir o caminho para entrar em um relacionamento maior, com o universo físico.

O físico Niels Bohr comentou: "A consciência deve ser uma parte da natureza, e mais genericamente da realidade, o que significa que além das leis da física e da química conforme previsto na teoria quântica, devemos também considerar as leis de um tipo bem diferente... é óbvio que temos um verdadeiro caso de complementaridade, que teremos de analisar com maior detalhe..." (Física e Além).

A crescente atenção para o fator da consciência e da unidade básica de toda a fenomenalidade na física moderna está nos levando direito as portas da metafísica, para o desconforto de alguns teóricos. Estamos sendo forçados a rever a nossa física, a visão convencional do espaço-tempo da realidade, ainda mais radicalmente do que estávamos com a revolução de Einstein.

Aproximando-se De Um Novo Modelo De Realidade

O termo popular "consciência superior," na verdade, revela uma incompreensão básica da natureza da consciência. A própria consciência não muda, pois não é uma "coisa." Pelo contrário, é na verdade a forma de funcionamento cognitivo, e da percepção. No primeiro avanço necessária da Humanidade na cognição, ocorreu uma transformação fundamental na forma como a mente realmente funcionava. Esta nova capacidade de conceituar o pensamento racional, desencadeou uma nova visão de mundo, uma nova maneira de se relacionar com o mundo. Depois disso, todo o progresso na compreensão tem sido neste nível conceitual e é um produto do mecanismo de pensamento racional. Mas, ainda há mais um modo bem maior em que a mente pode funcionar. E agora estamos à beira de uma outra mudança importante na forma como a própria mente opera.

Em nossa atual abordagem da ciência e da filosofia temos tentadolevar a faculdade de pensamento racional, conceitual para um maior esforço no pressuposto de que esse nível mais elevado de compreensão virá através do desenvolvimento de conceitos ainda mais complicados. No entanto, o nosso primeiro grande salto desde o macaco, uma mudança necessaria ocorreu na forma básica como a própria mente funcionava, não é provável que o próximo grande salto também irá exigir algo não menos radical? Este próximo passo seria tão incompreensível para nossa mente conceitual presente como o pensamento racional é para os animais.

A Nova Realidade Está Aqui, Agora

Felizmente, para encontrar a nova realidade não temos que olhar, como no filme 2001: Uma Odisséia no Espaço, para o espaço exterior, podemos encontrá-lo aqui e agora. Esta realidade tem estado com todos nós. Na verdade, muitos já encontraram. Um novo tipo de ser humano já está aparecendo, despercebido pela população em geral.

De acordo com antigos ensinamentos Zen, realmente existe outra forma mais elevada em que a mente pode funcionar onde o universo inteiro, incluindo a si mesmo, são reconhecidos em sua totalidade básica.

Realmente o universo é uma unidade, onde as barreiras de espaço e tempo caem.

Estes antigos escritos se encaixam surpreendentemente bem com as mais recentes reviravoltas da investigação científica. No entanto, ao contrário da ciência moderna, esses textos antigos dizem que este funcionamento superior não é alcançado atraves de conceitos, processos racionais, mas curiosamente, simplesmente redescobrindo o original modo não-dual, "primitivo," não-conceitual, de consciência. Este é o tipo de consciência que tínhamos antes que o mecanismo de pensamento conceitual começasse a funcionar.

Esses escritos também nos dizem que ao abandonarmos essa consciência antes de desenvolver o pensamento conceitual e o auto-conceito, nos esquecemos de qualidades importantes e únicas que ela continha. Bebês e crianças muito jovens ainda possuem esta forma mais fundamental da consciência e passam por uma evolução da cognição à medida que crescem, aprendendo o pensamento conceitual e a aquisição de um auto-conceito. O modo anterior de consciência é, então, totalmente esquecido. Uma criança não pode observar ou reconhecer este modo precoce da cognição naquele momento. Isto é simplesmente assim porque a criança não tem como compará-lo com outra coisa. Elas simplesmente vivenciam. Contudo se isso retornar novamente a partir do pleno e desenvolvido modo conceitual é instantaneamente reconhecido e lembrado. Ironicamente, a nova realidade pode realmente ser alcançada por recuperar o nosso modo original de cognição após a primeira desenvolver plenamente o segundo modo. Um terceiro modo, muito mais elevado, então aparece como uma sinergia dos dois primeiros.

Uma integração das duas formas de cognição tem o efeito de trazer algo infinitamente maior do que cada modo de cognição individualmente. Portanto, a recuperação do modo original de cognição não é realmente um passo para trás, mas um profundo salto mediante a incorporação de ambos. A nossa presente racionalidade, o modo de pensamento conceptual linear, pode ter sido um passo necessário, mas que não é a etapa final. Tem quase atingido os seus limites práticos. E agora, de fato, tornar-se uma barreira para novos progressos.

A presente metodologia científica agora se move apenas ao longo do segundo nível de cognição, ignorando o primeiro nível, porque foi totalmente esquecido e é velada pelo mecanismo do pensamento conceitual. Isso é porque nossos processos de pensamento conceitual trabalham dualisticamente através da comparação de opostos. O nível não-dual anterior não funciona dessa maneira; ser intuitivo e não-linear que assimila todas as percepções, sem diferenciação e vê o universo como aspectos observável de si mesmo. Um eu não é visto como uma coisa ou entidade separada, nem mesmo como uma parte de um todo maior. Devido a esse processo de divisão ou a divisão linear, a mente conceitual, ao pensar, é uma "mente-dividida." Através da mente-dividida (o nosso modo atual de pensar), vemos o mundo fragmentado em coisas: este-isso, eu-outro, aqui-ali, antes-depois, e assim por diante. Dentro do pensamento, parecemos ser uma coisa em um mundo, de outras coisas, preso no tempo e no espaço. Somos uma casa dividida contra si mesma.

Por causa da maneira peculiar do mecanismo do pensamento racional operar, o mundo onde muitos de nós vivemos não é o mundo real, como uma vez sabiamos em nossa consciência original quando criança pequena. No fundo, sabemos disso. É, em vez disso se tornou um mundo de rótulos mentais. Os nossos processos de pensamento, nosso fluxo de percepções automaticos, apenas categoriza e classifica. Nós habitualmente nos relacionamos com os rótulos em vez de a percepção da vida. Categorização e rotulagem é a função do pensamento conceitual e tem nos levado longe da realidade. No entanto, nosso foco de consciência e, portanto, a nossa interpretação do mundo não é o que realmente é, assim como viviamos quando criança. Nós apenas conhecemos através de rótulos, símbolos de pensamentos e conceitos criados pelo mecanismo de pensamento. E fizemos a nós mesmos, um desses rótulos.

Agora, pode parecer difícil de perceber e aceitar o fato de que nós nos conhecemos totalmente como meros pensamentos e não estamos vendo a nossa essência real, mas um experimento simples pode ajudar a conduzi-lo para casa. Podemos nos perguntar: "O que eu sou?" Observe que pensamentos sobre o que somos surgem imediatamente. Ainda assim, nunca poderiamos ser qualquer um desses pensamentos. Porquê? *Porque um pensamento não pode pensar.*

Em vez disso, nós poderíamos perguntar: "De onde é que os pensamentos vêm?" Encontrar essa fonte deve revelar o que somos. Mas quando nós tentamos olhar, nós automaticamente procuramos a fonte do pensamento ainda em mais pensamentos e idéias complicadas. Esta experiência pode gerar um pouco de confusão, mas depois de alguns momentos de reflexão ele deverá, pelo menos, tornar-se evidente que devemos ser algo muito mais maravilhoso do que alguem poderia jamais pensar ou conceituar, não importa o quão complexa e profunda são nossas ideias.

Os efeitos desse processo de rotulagem por nosso mecanismo de pensamento, nos colocou em uma posição precária com consequências desastrosas. Ele criou uma série de barreiras mentais inconscientes e limitações, prendendo-nos firmemente no tempo e no espaço. Nós nos tornamos alienados de nossa própria origem, do ser e conseqüentemente, de nossos demais seres sencientes e da natureza. O mecanismo do pensamento racional humano que nos elevou acima dos animais pode parecer ser a nossa última conquista, mas exigiu um preço.

"O ser iluminado é completamente identificado com todo o universo," é um princípio típico do Zen. Por meio de nosso presente processos mentais, nós abandonamos a realidade. Nós nos tornamos dividido em um "eu" intelectual que se controla e também controla a natureza. Através do nosso racionalismo temos nos transformado em meros rótulos, mentalmente abstratos, "coisas" isolados dos outros e da natureza. "Ter" e "controlar" substituíram o simples ser o que realmente somos, mas temos esquecido. Tendo-se tornado um fantasma pálido de nossa verdadeira natureza vivendo em um mundo inferior de conceitos e rótulos, que perdeu completamente a capacidade de experimentar a totalidade pura, tornou-se cada vez mais frustrado, deprimido e desesperado.

Estes escritos antigos revelam que uma "mente-total" é realizada quando a mente deixa de ser dividida e se torna inteira - reintegrada, ilimitado, infinita - e começa a funcionar a partir de seu padrão original, espontaneamente incondicionada. Esses textos dizem que esta é uma forma única de viver que não é nem uma forma de autorização pra tudo nem viver por princípios, códigos de comportamento ou força de vontade. Ele é chamado de *vida não-volitiva* e é essencialmente sem esforço e absolutamente livre.

Esta é a libertação final. E é ao mesmo tempo plenitude com toda a criação e um não-apego às frustrações, inseguranças e limitações conceituais do "eu" falso. Podemos, então, descobrir que nós não somos nem a mortal forma-pensamento, nem qualquer outra coisa. Em vez disso, como os escritos dizem, nós somos a "pura luz da consciência "pelo qual cada coisa aparece, desde o pensamento mais próximo até a galáxia mais distante. Até mesmo o tempo e o espaço se dissolvem como meros conceitos.

Entrando na Nova Realidade

Entrando na Nova Realidade é aparentemente simples a principio. No entanto, o nosso modo atual de funcionamento da mente constantemente nos frustra e nos desvia, como você poderáver ao tentar fazer sozinho. Este é o processo: os dois modos de consciência - mente-dividida e mente-total - podem parecer contraditórias com a mente conceitual, mas por compreender os dois ao mesmo tempo, um efeito sinérgico é acionado e uma nova e revolucionária compreensão de si mesmo e do mundo físico é revelada.

Como fazer isso? Nós não podemos fazer isso acontecer, mas podemos nos abrir para permitir que isso aconteça. Isso pode acontecer em um instante quando voltamos nosso foco total da consciência "acima" no processo do pensamento conceitual e os rótulos que construímos, reconhecendo o que realmente somos. Será diferente de tudo que possa estar esperando ou qualquer coisa que possa imaginar. Nós vamos descobrir que somos muito diferente do que o nosso mecanismo de pensamento nos diz que somos. Vamos reconhecer nosso ser original atemporal e nossa real completude e unidade com toda a criação.

Podemos começar mais perto e atentamente examinando como funciona o nosso próprio mecanismo de pensamento. Então, poderemos, eventualmente, começar a entender como e por que ela fragmenta automaticamente o mundo e nos separa dele espacial e temporalmente. Através deste tipo de investigação, podemos expor nossa ligação com o ilusório, caprichoso pseudo-eu inventado pelo processo de pensamento dualista. Quando isso é profundamente entendido, então, nos permite reorientar a nossa atenção consciente "mais acima" do processo de pensamento e reconhecer nossa origem, livre, a Fonte não-dual.

Quando isso acontece, vamos simplesmente reconhecer o que sempre fomos. Nós vamos descobrir que não somos o que nós pensamos que eramos. Ainda assim, nos tornaremos nada que já não fossemos. Perseguindo com diligência, esta linha aparentemente inofensiva de observação pode fazer literalmente, que se altera a mente e as descobertas de transformação da vida. Este tipo simples de atenção para o mecanismo do pensamento e da maneira como isso afeta como vemos o mundo e a nós mesmos, pode por si só, levar a novas percepções profundas.

Para os interessados em símbolos, tente isso. Desenhe uma linha inclinada para a frente para cima para representar o original modo não-linear de cognição. / Em seguida, desenhe outra linha para baixo a partir dessa linha para representar o modo atual linear conceitual. \ E, em seguida, desenhe uma linha a partir da parte inferior desta linha de volta para a parte inferior da primeira linha para representar o retorno e o Despertar. Isso cria um triângulo, uma tríade, uma trindade, uma pirâmide. Δ Este foi um antigo símbolo da Consciência Pura e também representou a porta para o Despertar. Recuperando esta forma original de cognição, abriremos o caminho para uma perspectiva radicalmente diferente do universo físico e de "poder da mente," inatingível para a mente conceitual. A partir desta nova e mais elevada perspectiva poderá vir maravilhosas e novas descobertas. Mas muito mais importante é a nova forma, sem esforço de viver e as vastas implicações sociológicas de um mundo onde não estamos todos lutando entre nós mesmos, mas vendo os outros como aspectos do que-nós-somos.

O QUE VOCÊ É?

Fazendo As Meditações da Realidade

A verdadeira vida desperta é simples e espontanea. Você pode pensar nas Meditações da Realidade ao acompanha-la como "experiências da realidade," lhe permitirá ver o que-você-é e tudo aquilo que parece realmente um aspecto de que-você-é.

Não será necessário sentir que você entendeu completamente cada capítulo antes de ir para o próximo. O estudo encapsulado neste livro pode ser abordado a partir de várias direções e algo mais adiante pode ser a chave para você. Continue indomas depois voltetudo novamente.

Você é fortemente encorajado para realmente fazer cada Meditação da Realidade no início dos próximos onze capítulos. Eles são os mais eficazes e poderosos pois tiveram anos de testes em seminários e workshops. Repita-os depois de ler cada capítulo. Apenas ler ou imaginá-los não é suficiente, porque eles são projetados para trabalhar em um nível diferente do seu processo intelectual linear. Eles realizam o que meras palavras não podem. Por realmente fazer isso, você estará se comunicando com o seu entendimento não-linear mais profundo. Isto é essencial para o verdadeiro insight. E você também poderá obter a sua primeira experiência real da nova realidade ao fazer uma dessas experiências. Pois muitos têm.

Como observou o sábio Douglas Harding sobre tais experiências: "Assim, lê-las e não fazê-las é como comer o menu em vez de comer a refeição."

Meditação da Realidade #1
O Eu

Faça um quadro geral de quem vc é. Comece com o seu nome na parte superior e os outros rótulos logo abaixo.

Nome?

Onde eu moro?

Onde eu nasci?

Qual o meu sexo?

Como eu pareço fisicamente?

Quais são os meus hobbies?

Estou casado?

Eu tenho filhos?

Quais são os meus património?

Quais são os meus pontos fortes?

Quais são os meus pontos fracos?

Quais as minhas realizações mais importantes?
Qual é a minha melhor lembrança?
Qual é a minha pior lembrança?
Isto é o que você pensa que você é.

Agora, faça a si mesmo estas perguntas:

(Não tenha pressa. Pause por um momento cada uma delas e realmente se concentre nelas. Tente olhar mais profundamente do que sua primeira suposição.)

1. Este sou eu realmente?

2. Ou é simplesmente uma lista de rótulos, idéias, memórias, conceitos?

3. Se eu não tivesse rótulos eu ainda existiria?

4. Quem ou o que eu seria, então?

5. Será que estes pensamentos podem me perturbar?

6. Ao invés de se focalizar no rótulo do seu eu, por que não especular sobre o que o seu "verdadeiro eu" poderia ser?

O Que Você É?

"Um tolo, uma vez procurou por fogo
na lanterna.
Se ele soubesse o que o fogo era
Ele poderia ter preparado sua comida muito mais
cedo."
- Mumon

A maioria de nós supomos que estamos vivendo no mundo "real" e acreditamos que ninguém pode nos convencer do contrário. Que outro mundo existe? A realidade deste mundo sólido tridimensional que vemos como "além de mim mesmo," que estava aqui antes de nascermos e vai existir depois que morremos, é indiscutível para 99,99% da população. Então, é pressuposto que o indivíduo "eu" está a viver nele. Tudo parece ser muito evidente.

Este livro é sobre como eu fiz uma rara descoberta de que este mundo não é o "mundo real." E que este "eu" não é o "meu verdadeiro eu." É um mundo de ilusão, frustração e sofrimento. Este livro é sobre como esse mundo ilusório pode ser exposto e dissolvidos.

Nosso objetivo aqui não é sobre a obtenção da filosofia correta ou da religião certa ou da doutrina certa. Estou falando de algo impressionante que pode ser descoberto no cotidiano do aqui-e-agora, quando nós simplesmente tentamos investigar o que-somos. Isso não é algo novo que eu inventei. É um segredo antigo ao deparar-me com o que realmente ativou um novo e mais elevado processo mental que transformou minha vida.

Eu Fiz Do Meu Jeito... E Não Funcionou

Quando eu tinha 18 anos eu tive um relacionamento com uma namorada que terminou mal. Ela me largou. Olhando para trás, eu não consigo culpá-la. Ela era uma menina maravilhosa, mas eu estava preocupado com a minha vida. Eu estava pensativo e egocêntrica, deprimido, frustrado e cheio de dúvidas. A vida não estava indo do jeito que eu pensava que deveria, e esse episódio apenas confirmou tudo o mais.

Então, eu comecei a ler livros sobre filosofia e sobre a condição humana. Mas isso só piorou as coisas. Acabei por encontrar idéias mais idiotas sobre como as coisas deveriam ser, e me tornei ainda mais frustrado. Enquanto eu remoia sobre como o mundo era injusto, o que não era tão incomum para um adolescente, meu caso talvez tivesse sido mais grave.

Mas eu tinha no fundo um sentimento de alegria, juntamente com um senso de aventura. Eu estava no meu último ano do colegial, quando eu tive a brilhante idéia de que eu poderia encontrar algumas respostas com apossível felicidade de ir para a Europa. Eu não tinha dinheiro, então arrumei um emprego em uma loja de arte para ganhar o suficiente para comprar uma passagem de barco, sem pensar em como eu iria viver quando eu chegasse lá.

Naquela época os transatlânticos estavam cruzando a Europa e apesar de ter levado duas semanas para fazer a travessia de Nova Iorque até Le Havre, na França, era um pouco mais barato do que o transporte aéreo que havia só recentemente se tornado disponível. E eu tinha muito mais tempo do que dinheiro. Já tinha tentado trabalhar em um barco a vapor, mas descobri que simplesmente não estava mais disponível para jovens vagabundos. Mesmo se pudesse conseguir um emprego em um barco você teria que se inscrever para uma viagem de ida e volta, e eu estava apenas indo em uma direção.

Cheguei a Paris com quarenta dólares em meu jeans e minha própria ingenuidade romântica para me impulsionar. E eu tinha bastante tempo. Foi bom para mim estar sozinho. Adquiri muita auto-confiança e uma perspectiva mais madura, mas eu passei fome. (Eu pesava apenas 54 kg quando voltei para casa dois anos depois.) Eu tinha trabalhado durante um verão como ilustrador para uma agência de publicidade antes de eu sair de casa, então quando eu podia, eu ganhava dinheiro desenhando retratos das pessoas em restaurantes e bares. E como eu também tinha alguma experiência fazendo desenhos animados, eu fui capaz de trabalhar dois verões em Estocolmo para um estúdio de animação.

No final do primeiro verão, eu estava com medo de que seria muito frio o inverno na Suécia, então comecei pedindo carona para o sul para encontrar um clima mais quente. Além disso, tinha ficado difícil para mim passar muito tempo em qualquer lugar. Eu conheci pessoas que tinham começado como eu, mas descobriram que não podiam parar de perambular. Eles tinham se tornado homens idosos, indo de lugar em lugar experimentando o que podiam e, em seguida, seguiam em frente na expectativa de novas e diferentes aventuras.

Eu tinha feito isso até Barcelona, Espanha, quando eu conheci um jovem viajante que tinha planejado se encontrar com um amigo nas Ilhas Canárias, na costa da África do Norte e velejar em seu barco em direção ao Canal do Panamá e depois para o Taiti.

No entanto, o viajante não ia ser poder fazer isso, e me perguntou se eu estava interessado em tomar o seu lugar. Aquilo se encaixava perfeitamente com a minha fantasia de viver em uma cabana em uma ilha tropical com uma bela garota nativa e então agarrei aquela oportunidade.

Ele me deu o nome de seu amigo e escreveu-lhe um bilhete me apresentando e explicando a situação. Fui de carona para Cadiz, na entrada para o mediterrânicos onde eu gastei meus últimos 10 dólares em um bilhete de barco para Las Palmas de Gran Canaria.

Eu estava sem dinheiro e com fome desde quando cheguei, entao sentei-me no meio da praça da cidade, peguei meu clarinete e comecei a tocar uma espécie de jazz temporaneo que eu gostava de tocar. Logo, um grande grupo de pessoas se reuniram em torno de mim batendo palmas e se divertindo. Alguém começou a passar em torno de uma placa e em meia hora eu tinha recolhido dinheiro suficientes para um pedaço de pão, um pouco de vinho e uma cama numa casa local. Poucos dias depois, eu estava secretamente autorizado a dormir no sofá da escola de arte da ilha, A Escuela Lujan Perez, frequentada pelos mais vanguardistas estudantes de arte que se consideravam representantes de contra-cultura da ilha. Eles foram muito gentis e generosos comigo embora eles tivessem pouco recursos.

Já era, tarde da noite, quando eu estava em um estado autopiedosode embriaguez que eu escrevi no meu diário algo que acabou por ser bastante profético. Eu escrevi: "Eu nunca poderei ser feliz até que os meus ideais se tornem realidade... ou a realidade se torna o meu ideal." Eu hesitei após a primeira parte - percebendo que não havia outra possibilidade, que a realidade também poderia ser um ideal. Na época, é claro, eu pressumia que a única resposta satisfatória para os meus problemas seriam que meus ideais se tornariam uma realidade.

Levei muitos anos para perceber que essa mesma suposição *era* o meu problema. O que eu queria era impossível. E a única possibilidade viável foi a de que a realidade deveria tornar-se o meu ideal. Mas, naturalmente, aos dezoito anos quando escrevi isso, foi além da minha considerações. Eu não gostava da realidade que eu estava experimentando. Eu só sabia que eu queria que o mundo fosse *do meu jeito* - pelo menos de vez em quando. Mal sabia eu o que era realidade.

Eu nunca consegui ir ao Tahiti. Mas isso é outra história.

O Único Equívoco

A pergunta chave que nem a filosofia nem a religião quase nunca perguntam é: "O que eu sou?" Todas as crenças religiosas, filosóficas, até mesmo a Nova Era simplesmente assumiram, sem dúvida, que somos um indivíduo, pessoal, entidade volitiva - um ser automatico. Considera-se que para acreditar no contrário seria equivalente ao suicídio, praticamente impensável. É francamente anti-americano. Não podemos sequer imaginar o que poderia ser como não ser uma entidade individual. Francamente, isso nos assusta e deve ser evitado a todo custo.

Até mesmo, questionar a idéia de um "eu" é impossível para a maioria das pessoas fazer. Isso não seria abrir mão do controle e da responsabilidade pessoal? Mas iremos descobrir que o melhor controle é não desejar controle. Na realidade, vamos descobrir que ele é, na verdade os conceitos de umeu e da vontade que nos colocou fora de controle. Mas o que nos faz tanta certeza que temos um eu em primeiro lugar? Será que alguma vez você realmente olhou para isso?

Existe uma maneira de viver mais elevada em que nós espontaneamente e sem esforço vivemos como sempredesejamos. No entanto, há um problema: nós temos que perder a nossa vida para encontrá-la. Ou seja, temos que perder a nossa falsa vida para encontrar a nossa vida real. Neste contexto, o termo "perder" não significa "se livrar." Significa, simplesmente, ver através dela como se fosse ver através de uma ilusão ou um truque de mágico quando você descobre como ele é feito. Quando isso acontece, a ilusão desaparece por si só.

É realmente raro que nós nunca questionamos quem e o que somos realmente. E quando o fazemos, geralmente nos atolamos em um emaranhado de questões filosóficas e acabamostendo mais confusões do que nunca. Na verdade, pode ser uma coisa tão assustadora que aprendemos a evitar até mesmo pensar nisso. Na verdade, a maioria de nós estamos convencidos de que já sabemos quem eo que somos. Isso é enganoso porque quando somos solicitados, nós realmente não podemos localizá-lo, muito menos articulá-lo. É uma daquelas coisas que aprendemos a evitar, convencendo-nos de que nós já sabemos.

Para a maioria de nós o termo "nosso verdadeiro eu" significa o quão realmente pensamos e sentimos lá no fundo quando tiramos nossas camadas de imagens falsas e condicionamento sociais. Esse é o tipo de coisa que aprendemos em muitos grupos onde nós "entramos em contato com nossos sentimentos e exploramos nossas emoções reais." Mas isso é apenas sobre de pensamentos e sentimentos. Ele ainda não responde a questão concreta básica: "O que eu sou?" O que realmente é isso que está fazendo os pensamento e sentimento?

Uma Experiencia Simples

Quando nós olhamos realmente para o que somos, tudo o que podemos encontrar são conceitos e idéias. Tente por você mesmo agora. Ponha este livro de lado e procure por um real "eu" que não seja apenas um pensamento ou um sentimento.

O que você descobriu?

Você viu que você deve ir mais fundo do que os conceitos, idéias e sentimentos para tentar encontrar a verdadeira fonte de tudo.

Eu tinha brincado com esta pergunta muito antes, mas eu nunca tinha a levado seriamente. Mas, finalmente cheguei a um ponto em minha vida onde, depois de trabalhar muito duro, eu tinha conseguido alguns dos principais objetivos da minha vida (eu estava trabalhando também oitenta e mais horas por semana). Eu tinha casado com uma mulher linda, eu tive dois filhos lindos e eu era um ilustrador de sucesso e diretor de criação de uma agência nacional de publicidade. No entanto, eu ainda não estava se sentindo realizado. Eu ainda não estava feliz.

Ao questionar o porque, eu tentei imaginar o que seria realmente necessário para eu viver uma vida totalmente feliz. Cada cenário que eu imaginava ficava sempre alem e eu tinha que continua correndo adiante. Ao fazer isso, eu percebi, para meu desânimo total, que mesmo se eu fosse o governante do mundo todo, eu ainda não seria feliz.

Isso aconteceu porque eu não era capaz de fazer tudo pelamaneira certo, do meu jeito. As coisas ainda iriam dar errado. Nem que eu pudesse viver de acordo com os meus próprios ideais e valores. Eu ainda teria que lutar. Depois pensei, quem era eu pra ser merecedor de ser feliz? A maioria das pessoas no mundo de hoje estão lutando diariamente apenas para se manterem vivas. Se comparado a elas eu era apenas um bebê chorão mimada. Tive a sorte de ter muitas coisas boas na minha vida. Porém, não me traziam felicidade. Me sentia culpado, talvez, porque eu queria mais, mas eu não era feliz. Eu tive que encarar o fato de que possivelmente eu nunca seria feliz e realizado.

O resultado foi uma profunda e duradoura depressão.

Comecei a questionar tudo. E isso finalmente me levou à pergunta sobre o que eu era. Então percebi que, como a maioria das pessoas, eu tinha inconscientemente presumido que meus rótulos eram o que me definia - rótulos como "ser humano," "pai," "artista," "marido," etc. Ou seja, eu me identificava com o meu auto-conceito. Isso também incluia minhas realizações e fracassos e os meus valores. Mas o importante era que eu tinha começado a explorar a pergunta: "O que eu sou?"

O Momento Decisivo da Minha Vida

Comecei a refletir sobre esta pergunta todo tempo livre que eu tinha, me tornei consumido por isso. Depois de meses de contínuo foco e firmeza sobre esta questão, tive a sorte de um dia compreender, durante um momento de clareza atemporal, aquilo eu tinha aceito como "eu," e aquilo que eu era, vi que era apenas um conceito. Nada mais. Portanto, um conceito não pode ser uma pessoa - era apenas um pensamento. E um pensamento não pode pensar. Então, essa pessoa conceitual não poderia ser quem estava pensando que era. Além disso, os conceitos mudam a todo momento, e meu conceito de mim dependia de como eu me sentia no momento - o que eu estava pensando no momento, como as outras pessoas estavam me tratando e o que eu estava fazendo naquele instante. Aquilo mudou constantemente como as areias do deserto; não tinha substância verdadeira, nenhuma estabilidade. Eu vi que eu não poderia ser isso.

Não era de admirar que eu nunca poderia me sentir feliz ou realizado, e muito menos seguro. Eu estava me identificando com uma constante mudança, uma instável ilusão: o meu conceito-eu.

Perceber que o que eu sempre achava que eu era não era realmente eu, mas apenas um conceito, apenas um pensamento, era na verdade incrivelmente libertador. Eu percebi que eu tinha passado a maior parte da minha vida como um escravo de uma constante mudança, de um conceito cada vez mais vulnerável de mim mesmo, tentando agradar e satisfazer esse conceito e mantê-lo com uma boa aparência. Eu tinha confundido o imaginário com o real, e todas essas necessidades e medos tiveram sua origem nessa ilusão. Eu percebi que os problemas deste eu imaginário não eram realmente problema meu. Isso retirou um enorme peso de minhas costas, e o alívio foi incrível.

O Primeiro Passo

Se você consegue ver essa verdade de si mesmo, não apenas intelectualmente, mas profunda e completamente, então você já deu o primeiro passo. Você entendeu que um conceito não é a realidade viva, mas apenas um símbolo morto, uma ilusão. O conceito não é a coisa real, mas apenas uma ideia imaginária daquilo, uma imagem mental nebulosa dela.

Por exemplo, podemos ter o conceito, ou até mesmo a memória de uma árvore, mas a experiência perceptiva real da árvore é que é a realidade. O conceito de "árvore" não é a realidade, é apenas uma imagem mental, um símbolo morto.

Nossa concepção de "árvore" pode mudar, ou a forma como pensamos sobre uma árvore pode mudar de momento a momento, mas realmente não afeta todas as árvores reais. Ela afeta apenas a forma que pensamos ou sentimos sobre elas.

O que isto significa é que não vivemos e reagimos a partir de nosso verdadeiro eu, mas a partir de nossa imaginação. Nós não vivemos no mundo real, mas em nossos pensamentos sobre o assunto. Nós vivemos em uma instável, mudando ilusão. E, acredite ou não, isso é a fonte de todos os nossos problemas. Sim, todos eles.

Eu estava cometendo o mesmo erro que 99,99% das pessoas no mundo fazem: eu tinha confundido um conceito morto com a realidade viva.

Mas isso também foi muito intrigante para mim, ao mesmo tempo, porque enquanto eu tinha descoberto o que eu não era, eu não conseguia descobrir o que eu realmente era. A resposta a esse segredo era tão incrivelmente simples, tão óbvio e tão maravilhoso que eu demorei anos para descobrir. A maioria das pessoas nunca descobre. Isso porque eles acreditam que já sabem a resposta. E eles não querem respostas diferentes pois seria muito confuso. Mas é por isso que eles estão insatisfeitos. E por que eles nunca sequer pensam em fazer a pergunta: "O que eu sou?" É por isso que eles não conhecem sua vida real, o seu ser verdadeiro e a realidade totalmente sem esforço. O mundo real é o lugar onde tudo é sempre como deveria ser.

Eu poderia facilmente ter passado a minha vida inutilmente atrás de plenitude e de felicidade através de minhas realizações, meus bens e minha auto-imagem, praticamente um escravo do conceito de "eu," enquanto a satisfação real era sempre de forma livre e facilmente disponível aqui e agora.

Uma das razões que esta realidade mais elevada funciona é porque não temos que forçar-nos a acreditar em um sonho utópico. Não temos de lembrar um monte de princípios que nós temos que aplicar. Na verdade, não tem que se lembrar de fazer nada. Em vez disso, nós simplesmente temos que olhar honestamente e investigar "friamente os fatos concretos" ao nosso redor. Isto irá inexoravelmente nos levar a uma realidade concreta tão sólido e tão poderosa que literalmente vai substituir o modelo antigo inexequível por si só.

Você não tem que "matar o ego" ou "morrer para si mesmo," como você pode ter sido informado. O ego já está morto. Mas você ainda não percebeu isso, porque você assumir que você é esse imaginário "eu." Você não sabe quem ou o que você realmente é e assim você está se identificando com um conceito de si mesmo. Você está realmente dormindo - um zumbi sonambulo tropeçando em um sonho no mundo irreal de conceitos e rótulos. Mas você pode descobrir o seu verdadeiro ser. Você pode acordar e entrar em um novo reino em uma dimensão mais elevada.

Despertando

Os mais elevados e melhores mestres antigos chamavam isso de "despertar" porque isso é exatamente o que é. Mas esse termo desde então tem sido mal interpretado por aqueles que ainda estão dormindo e negligenciando o termo usado para significar muitas coisas fantasiosas. Não é uma questão de fé, espiritualidade ou auto-aperfeiçoamento que você pode ter pensado, ou mesmo de um conhecimento esotérico especial. É, de fato, uma questão de simplesmente questionar algumas de suas pressuposições mais básicas. Não é uma questão de adotar sistema de crenças de outra pessoa, mas de simplesmente olhar de forma honesta e sem medo para o aqui-e-agora e chegar as suas próprias conclusões. E fazendo isso, se perderá as suas ilusões causadoras de tentador.

Mudar para realidade não tem nada a ver com uma disciplina rigorosa, ou religião, ou pseudociência New Age. Não está aprendendo algo novo ou místico, mas olhar abertamente o que está aqui-e-agora e descobrir isso por si mesmo. É algo que você pode fazer em sua rotina diária normal. Você não tem que mudar nada sobre você ou sobre sua vida.

Conforme a descoberta acontece, as mudanças acontecem por si mesma. Quando você realmente ver por si mesmo o que está aqui-e-agora e não o que lhe foi ensinado a supor, então as ilusões desaparecem por si mesmos e o mundo real é então revelada gradualmente, uma vez que sempre foi assim, mas estava escondido por sua própria miragem. Você irá realmente ascender de uma dimensão inferior de confusão, dor e medo à uma maior dimensão de paz, realização e realidade.

O Atual Modelo da Realidade é Baseado em Falsas Suposições

Não importa quão boa são nossas filosofias, nos esquecemos de aplicá-las a cada momento na vida diária e assim realmente não vivemos de acordo com elas. Na verdade, não importa o quão nobre, elevado e inspirada são nossas crenças e valores, nós ainda nos encontramos agindo de forma contrária a eles e me pergunto porquê. Quantas vezes temos dito para amar uns aos outros? Podemos muito bem concordar, mas quando tudo ficamuito dificil, realmente não podemos fazê-lo. Nós não sabemos como; nós não temos a capacidade; nós simplesmente esquecemos. Não é apenas uma questão de evocar agora alguns sentimentos calorosos, distorcido de amor? Na verdade, amar um ao outro é o que achamos que os outros precisam fazer. E, em vez de libertar-nos como pensávamos que seria, nossas nobres crenças realmente tornam-se um fardo de culpa. Na verdade, quanto mais valores elevados, mais ficamos aquém deles. E somos encorajados a "apenas se esforçar mais." Mas a resposta não é nem se esforçar mais, nem para diminuir os nossos valores. O problema é que o nosso atual modelo de realidade, na verdade, leva-nos a trabalhar contra nós mesmos.

Pensamos que tudo o que precisamos é sermos informados da maneira correta de pensar, agir e acreditar e então tudo estará bem. Isso é uma ilusão. Nunca confie em ninguém para lhe dizer o que pensar, não importa o quão bem sucedido e auto-confiante possa lhe parecer.

Agora, faça a Meditação da Realidade #1 mais uma vez.

MENTALIDADE

Meditação da Realidade #2
A Experiencia do Agora

Sem **personalizar ou julgar** qualquer coisa tente apenas fazer o seguinte exercício:

Se os pensamentos levarem você para longe, assim que você observá-los, não tente lutar contra eles, simplesmente ignore-os e volte para o agora.

Primeiro, *ouça*. Quais sons você está ouvindo? Talvez seja o tráfego la fora, vozes na sala ao lado, um rádio à distância, sons da natureza. O ponto é perceber cada nuance do som.

Segundo, *sinta*. Comece com os pés e mover-se em seu corpo. Observe a sensação dos seus pés, a sensação da cadeira ou poltrona, seus braços e mãos, o pescoço, a cabeça, o rosto, a sensação de sua roupa em seu corpo.

Terceiro, *veja*. Observe o quarto, todo o movimento, os objetos.

Leve tudo para dentro. O que está acontecendo?

Quarto, *cheire*. Há um cheiro no ar?

Quinto, *o gosto*. Há um gosto na boca?

Diga a palavra "agora" para si mesmo. Seja isso. Fique aqui por algum tempo e apenas seja.

Nós já devemos ter notado todas essas coisas antes em partes, mas raramente experimentamos todos juntos. Se realmente observamos qualquer uma dessas coisas, foi em breves trechos entre outros pensamentos sobre isso ou aquilo.

Você relaxou um pouco enquanto estava fazendo o experimento? Talvez você tenha notado seu pescoço e os músculos do ombro mais soltos. Você pode ter visto que as ansiedades diminuiram e os pensamentos perturbadores deixaram de se intrometer por um breve período.Se acontecer de você estar ao ar livre,isso provavelmente irá aumentar o efeito. Estar na natureza parece expandir nossa consciência.

Tente fazer esta experiência durante o dia, frequentemente sempre que se lembrar. Você vai começar a notar algo mágico, uma excepcionalidade bem familiar. É um ponto de contato com a vida no sentido mais puro da palavra. Pode demorar um pouco para gerar esse contato, especialmente se você está em um estado emocional tenso, mas continue. Existe mais aqui do que podemos notar.

Depois de fazer a experiência do agora, considere estas perguntas:

1. Você gasta a maior parte de sua vida mental?

a. Pensamentos de acontecimentos do passado, repensando eles - de 1 a 100% do tempo
b. Imaginando eventos futuros, antecipando
   - 1 a 100%
c. O momento presente, vivendo agora - 1 a 100%

2. O que é mais real: a, b, ou c?
3. Você estaria desperdiçando a sua vida real?
4. Porquê? (Você está repensando o passado, antecipando o futuro?)
5. Para onde vai a maior parte do seu esforço mental: passado, futuro ou presente?
6. Qual você prefere: a, b, ou c? Porquê?
7. Como você pode viver de forma mais consistente no presente?

Mentalidade

> *"Nós não somos enganados;*
>
> *nós mesmos nos enganamos."*
>
> −Goethe

Porque é Difícil Manter Uma Mente Aberta

Perceber o aqui-e-agora é muito difícil no início. Isso é por causa da nossa mentalidade. A mentalidade funciona como um filtro de percepção automática para a nossa visão de mundo que aprendemos, também chamado de nosso modelo de mundo ou o nosso modelo de realidade. Novas idéias que questionam nosso eu ou a nossa vontade vão contra a nossa mentalidade. É uma sensação de ameaça. Nós gostamos de nosso eu apesar de suas falhas. Nós pensamos que é tudo o que temos e sentimos como se seria literalmente perdidos sem ele. E a última coisa que queremos fazer é tentar fingir ignorá-la ou tentar ser "abnegado." Mas, vamos descobrir queao invés de ficarmos perdidossem ele, nós ficamos perdidos por causa dele.

Nossa mentalidade está praticamente nos cegando para o óbvio dentro do aqui-e-agora. E assim nos mantém prisioneiros. Terence Gray, um ser totalmente iluminado, o chamou de "obnubilação" - "o hábito condicionado de constantemente olhar na direção errada" Nossa mentalidade e nossa visão de mundo trabalha inconscientemente e chama nossa atenção para as coisas que confirmam o nosso sistema de crença presente e filtra o que é contrário a ele.

No início do século 20, o filósofo francês Henri Bergson descobriu este fenômeno. Somos constantemente bombardeados com uma massa enorme de estímulos sensoriais, Bergson descobriu, que nós precisamos pré-processar as percepções antes de subir para a percepção consciente. Ele percebeu que todo o nosso input sensorial necessário de atenção consciente erasuprimida. Assim, os processos de pensamento do inconsciente filtram tudo, exceto a informação que seria útil.

Esta é uma particularidade pouco reconhecida da forma como a mente funciona. É um reflexo automático que nós nem percebemos. É um pouco parecida como a forma da visão de uma rã funciona. As rãs só veem as coisas que estão se movendo em relação a si mesmas, como insetos ou predadores. Eles vêem apenas as coisas que são importantes na manutenção da sua auto-preservação. Na verdade, quando lança sua língua para fora para pegar um inseto, a percepção sensorial do inseto e a resposta da língua nem sequer passam por seu cérebro: é puro reflexo.

Para nós, apenas as coisas que são importantes para a afirmação e preservação do nosso sistema de crenças parecem manter a nossa atenção. E o nosso modelo de mundo, o que inclui nosso sistema de crenças, é inteiramente construído em torno do nosso conceito presumido de um eu objetivado. A mente parece não perceber ou notar as coisas que são contrárias ao nosso sistema de crenças, mesmo que possa ser óbvio, percebendo apenas as coisas que afirmam o sistema de crenças (mesmo que às vezes tenhamos que distorcê-las). E nós nem sequer percebemos que isso está ocorrendo porque a maior parte dela está acontecendo muito abaixo do nível consciente.

Na verdade, está acontecendo neste exato momento. Neste momento, sua mente está provavelmente rejeitando estas ideias e acreditando que você realmente tem uma mente-aberta. Na verdade, você pode sentir que você é alguem com a mente mais aberta do que a maioria das pessoas. Então, todo mundo é assim. É apenas porque nós podemos ver os seus pontos cegos muito mais facilmente do que o nosso própria por causa da maneira peculiar da mente pré-processar nossas percepções abaixo da superfície. E ser alguem inteligente e bem-educado não nos torna imune a isso.

Mais do que isso, uma vez que a mente construiu uma visão de mundo, ela faz de tudo para mantê-la, mesmo indo tão longe a ponto de distorcer os fatos para proteger o sistema de crenças de estar errado. Esse tipo de "preservação da auto-imagem" pode até ser mais forte do que o instinto natural da auto-preservação física. Isso ocorre porque nosso sistema de crenças torna-se parte de nosso auto-conceito, a nossa própria identidade, e a mente vai fazer praticamente tudo o que puder para preservar este eu ilusório e o sistema de crenças que ela sustenta. Política e religião são exemplos disso. Assumimos que temos excelente julgamento e achamos que é difícil entender como os outros poderiam ser tão cegos e estúpidos, para não ver o que é óbvio para nós. Esta é a mentalidade e é muito forte.

Aqui está algo que você pode querer experimentar. A próxima vez que você tiver um desentendimento com alguém, tente ver este processo. Você provavelmente vai se esquecer de fazer isso no calor da emoção, mas isso é a mentalidade também. Mais tarde, porém, quando você estiver com isso em sua mente, você pode se lembrar de voltar a examinar a situação. É fácil de ver a mentalidade dos outros, mas é quase impossível ver a nossa. A nossa "auto-imagem do instinto de preservação" justifica automaticamente a nossa posição.

Ao menos tente ver que ambos estão vendo a mesma coisa de duas maneiras diferentes. Mesmo ignorando os fatos importantes. Cada um está honestamente convencido de que sua própria versão é a mais real e verdadeira. A forma da mentalidade geralmente não nos permite considerar até mesmo algo que percebemoscomo uma ameaça ao seu sistema de crenças. E nós nem sequer percebemos que estamos a rejeitá-la. É como se ela fosse invisível.

A nossa mentalidade é o carcereiro e nossa visão de mundo é a prisão. Mas não é possível sair desta prisão, atacando isso diretamente. Na verdade, você não precisa nem mesmo atacá-lo; apenas estar ciente deles e continuar a observá-los. A simples atenção é o caminho, a verdade, a liberdade e o descanso. Sob observação contínua suas ilusões vão se expor e simplesmente se dissolver como a Bruxa Má.

Outra razão que é tão difícil de examinar nossas premissas básicos é que nós nem sequer percebemos que são suposições. Temos construído tanto em nossas convicções básicas sobre quem somos e o que o mundo é que nunca sequer pensamos em questioná-las. Enquanto está se preocupando com pequenos detalhes no topo do monte de nossa visão de mundo, nunca pensamos em dar uma olhada como eles foram construídos sobre na base inferior. Sendo que a fundação afeta muito mais fortemente a forma como o resto da estrutura cresce.

O nosso básico modelo de mundo, que estamos usando agora mesmo, foi quase todo construído quando estávamos com menos de dois anos de idade. Nós não tinhamos muita experiência, então, por isso, na maioria das vezes, ficamos sabendo atraves de outros. Estudos têm demonstrado que as crianças geralmente aprendem a identificar-se com seus corpos em torno dos 17 meses. Esse é o começo do auto-conceito. É assim que a fundação do nosso sistema de crenças é construída.

A Entrada Secreta Para Um Reino Mais Elevado

Na prática espiritual autêntica, a atenção é o meio para dimensões mais elevadas de vida, bem como a realidade da busca espiritual. Por exemplo, podemos usar muitos conceitos importantes e palavras como "ser," "espírito," "alma" e "consciência," mas nós realmente não sabemos o que eles significam. Só porque temos rotulado algo não significa que realmente entendemos ou que ele exista mesmo. Rótulos nos dão a ilusão de que nós sabemos o que estamos falando, e pior ainda, a ilusão de que o que estamos falando é real. Começar a questionar esses termos podem fazer-nos sentir desconfortáveis no início, mas esta é a forma de identificar e revelar os conceitos que perpetuam essas ilusões de cegueira que estão escondidas.

Por exemplo, podemos usar a palavra "consciência," mas realmente não sabemos o que é. Quando usamos a palavra "consciência" geralmente pretendemos dizer que estamos conscientes, ou seja, o conteúdo da consciência. No entanto, ao mesmo tempo, também achamos que a consciência é alguma coisa ou qualidade que temos. Mas, não sabemos o que é o "nós" que tem essa consciência, e muito menos o que a consciência é em si. Quão confusa e contraditória, ao descobrimos que nossascrenças são quando examinadas de perto. Mas se continuarmos a exercer a simples atenção para os nossos processos internos, essa confusão se dissipará. Nós provavelmente nunca nos perguntamos: "O que é isso que sabe o que está aparecendo?" Ou então: "O que é que sabe neste momento?"

Não pense que você está perdendo de vista, se muitos pensamentos confusos aparecerem. Isto acontece. É como encher um balde com água e um monte de folhas e papéis flutuarem para o topo.

Tudo isso já estava lá deitado no fundo, nada é novo. Mas agora que subiu ao topo, você pode facilmente vê-lo e cuidar dele. Este tipo de atenção vai revelar contradições ocultas que protegem as ilusões. Quanto mais cedo estamos ciente delas, mais cedo estaremos livres delas.

Ao observar e expor assim estes rótulos vazios que perpetuam as nossas ilusões, vamos nos libertar deles. Pode ser assustador e confuso no início, porque achamos que os rótulos vazios são necessárias para a nossa segurança. Mas é exatamente o contrario. Eles são a causa de todas as nossas inseguranças. E eles acabam por dar forma, porque secretamente se sabe que eles estão vazios.

O propósito deste livro não é para vender minhas idéias ou mesmo para ensinar-lhe alguma coisa, mas para ajuda-lo e orientá-lo para, com cuidado, profundamente olhar e observar, como eu fiz, o que realmente existe aqui-e-agora.

Você precisa ver isso por si mesmo, verificando a sua própria mente sobre o que você descobrir e o que ela significa para você. Essa é a única maneira que funciona. Podemos pensar que já sabemos que somos e que nós não precisamos fazer isso, que seria um desperdício de tempo e esforço, e que o aqui-e-agora é chato de qualquer maneira. Isso é muito enganador. Isso é a forma mental de tentar evitar ver algo ameaçador, algo que suspeita que lá no fundo, mas não quer ter que admitir. Temos uma suspeita inconsciente de que o nosso "eu" é uma ilusão vazia, mas, afinal de contas, é melhor do que nada, não é? Só que uma ilusão tambem é nada.

Infelizmente, fazemos de tudo para evitar o aqui-e-agora. Nossa mente se tornou viciada em distrações. É uma forma de desviar a nossa atenção do nosso aqui-e-agora. Na verdade, temos medo do momento presente. É uma ameaça para o nosso ilusória eu e nossa mentalidade confusa e contraditória. Sem distrações nos tornamos muito desconfortáveis, por isso estamos sempre olhando para o futuro ou relembrando o passado para evitar o aqui-e-agora.

Não é preciso ser muito auto-observador para descobrir que nós nunca realmente vivemos no aqui-e-agora, mas vivemos nossos conceitos sobre ela. Vivemos em nossas imaginações do futuro, nossas memórias do passado, e as conversas fantasiosas acontecendo constantemente em nossa mente. Se você der uma olhada, você vai notar que você provavelmente está fazendo isso agora, enquanto você lê este livro.

O aqui e agora é onde você vai encontrar a entrada secreta para um reino mais elevado, onde alguns entraram antes de você. É preciso uma mudança na forma como a mente realmente funciona para perceber esta nova realidade, mas realmente ela existe, como você vai estar experimentando por si mesmo.

Se você honestamente, sem medo e abertamente investigar, por experiência, este "aqui-e-agora," eu garanto que suas descobertas irão surpreendê-lo. Este é verdadeiramente um território inexplorado, ainda que você venha a reconhecê-lo como o seu lar há tanto tempo perdida, finalmente, chegou onde sempre estive.

A Primeira Compreensão

Um dia eu estava sentado na minha sala de estar pensando sobre *o que* eu sou. Eu lembro que eu estava olhando para a estante de livros. Eu estava lendo um livro sobre ter um verdadeiro e um falso "eu," e estava tentando entender como eu poderia ter "dois eus." Então eu comecei a querer saber quem era que tinham dois eus. Seria necessário um terceiro"eu" para ser o "eu" que eles tinham. Eu acho que isso deve ter trancado minha mente por um momento. Por apenas um instante eu não parecia ser capaz de pensar em nada. Eu estava olhando para a estante de livros, mas não vendo nada, não pensando em nada. Foi quando veio a resposta. Era tão clara e tão óbvia. O "eu" que achava que era, foi apenas isso, um pensamento. Isso foi o que o falso eu era.

Agora, apesar da primeira intuição ter sido principalmente intelectual, ela ainda tinha grande impacto. Fiquei emocionado e foi muito libertador. Comecei a sentir grande alívio e alegria imediatamente.

Lembro-me em certa altura perguntado o que era o Eu Verdadeiro. Eu já tinha visto o que eu não era, mas não o que eu era. Mas o grande alívio de perceber que eu já não tinha que viver sob o jugo de um mero conceito mudou tudo. Logo depois, eu encontrei uma passagem na Bíblia onde dizia: "Ele

... era a luz que ilumina todo homem que vem ao mundo." (João 1:9) Eu sabia que estava no caminho certo.

Naquela época, eu não tinham nenhum entendimento da não-dualidade, eu não tinha muita ajuda, achava que o verdadeiro eu, era em termos de um indivíduo, uma entidade objetiva.

No entanto, essa abordagem me levou completamente para outros caminhos. E eu acabei escrevendo um livro sobre isso chamado *O Reino Presente de Deus*. No entanto, mesmo antes de eu ter acabado de escrever esse livro, eu estava realmente iniciando o próxima passo.

Algum tempo depois, eu estava em uma livraria um pouco estranha que tinha todos os tipos de livros religiosos, filosóficos e espirituais. Um pequeno livro fino na prateleira de cima chamou minha atenção. Peguei-o, abri em algum lugar no meio e li um parágrafo de forma aleatória. Fiquei surpreso com o que li. Ali estava tudo o que eu estava tentando tão difícil de entender! O livro era chamado de *Todo o Resto é Escravidão, A Vida Não-Volitiva*, e o nome do autor era Wei Wu Wei. Não só ele estava falando sobre o que eu tinha descoberto mais cedo, mas ele também postulou que não poderia ser alguma entidade ou qualquer coisa. Ele era um estudioso e tinha um monte de palavras que eu não estava muito familiarizado no livro e era meio difícil de seguir. Mas vejo agora que isso era bom porque eu tinha ligado significados condicionados a maioria dos termos religiosos e filosóficos que eu estava familiarizado, significados que faziam parte da minha mentalidade. As palavras desconhecidas que ele usou foram muito precisas e me ajudou a entender as coisas com menos preconceitos atrapalhando.

Eu não sabia na época que Wei Wu Wei era o pseudônimo de Terence Gray. Mais tarde, eu consegui adquirir seu discurso de Paul Reps, autor de Zen Flesh, Zen Bones, quando ele deu um seminário local. O engraçado era que eu tinha encontrado o nome de Terence Gray na linha de copyright de outro livro seu chamado Posthumous Pieces, e por causa da palavra "póstumo" no título eu pensei: "Ótimo. Eu finalmente encontrei alguém que podia me ajudar e agora descubro que ele está morto." Mas Paul Reps me garantiu que Terence Gray estava muito vivo e bem, e que era amigo dele, e que de fato, ele tinha o visitado há pouco tempo. Isto me levou a uma correspondência trocada com Terence Gray cuja paciência, bondade e livros me levou a uma visão inspiradora da vida.

> *"O homem busca por sua unidade interior, mas o seu verdadeiro progresso no caminho depende de sua capacidade de se abster de deturpar a realidade de acordo com seus desejos."*
> *- Goethe*

Agora, faça a Meditação da Realidade #2, de novo.

EM POUCAS PALAVRAS

Meditação da Realidade #3
O Jejum da Mente

Em primeiro lugar, de a si mesmo a permissão para não esperar conseguir nada para o próximo momento. A idéia de que você deve obter algo ou conseguir alguma coisa com esta meditação vai apenas atrapalha-lo de fazê-lo e irá colocar a mente numa atitude imprópria.

Esta meditação abrirá a sua mente para a consciência não-dual, não-linear, e intuitiva.

Sente-se ereto, com as mãos sobre o colo, os pés no chão. Use roupas confortáveis. Escolha um ponto em algum lugar na sua frente para direcionar o seu olhar, então deixe que seus olhos saiam de foco. Mantenha seus olhos abertos para ajuda-lo a não cair no sono.

Concentre a mente na sensação de consciência sem palavras. (Outras formas de dizer isso seria o sentido de "ser," ou a sensação de consciência, ou a consciência da consciência, ou isto que sabe neste momento.) Em seguida, relaxe a mente, ignorando quaisquer pensamentos que possam surgir.

O que chamamos de pensamento são três principais atividades mentais: sub-vocalização, imagens e emoções. Os pensamentos não podem realmente ser propositadamente parados porque eles são um reflexo automático. No entanto, você pode continuamente tirando o foco dos pensamentos, você pode diminuí-los e abrir-se para a cessação de pensamentos. Cada vez que uma palavra, imagem ou emoção começar a se formar, volte sua atenção para longe deles e ignore-os. Ou, como dizia Nisargadatta: "olhe por cima de seus ombros."

No começo isso requer um grande esforço, não apenas para descartar continuamente pensamentos, mas para continuar fazendo a meditação. A mente fica desconfortável fazendo isso e fará aparecer todos os tipos de distrações. Mas vai ficar cada vez mais fácil quanto mais você fizer isso.

Este tipo de meditação pode parecer não ser importante, ou apenas chato, mas continue. Você vai começar a reconhecer essa clara consciência como a fonte e substância, a base de tudo o que aparece, a partir de seus pensamentos mais próximos até as estrelas mais distantes. Isto é o que-você-é, perfeitamente claro e silencioso. Você vai começar a ver o mundo de uma nova maneira, mais elevado e milagroso.

Esta prática vai contra toda a sua necessidade condicionado para a distração e seu hábito de falar consigo mesmo em pensamentos. É por isso que pode ser difícil no início. Você pode ter que começar com apenas cinco minutos e adicionar alguns minutos a cada dia até chegar a uma hora. Ao aquietar o pensamento linear (não falando consigo mesmo para ignorá-lo) e com foco no sentido silencioso da consciência, você está permitindo mais profundamente a compreensão intuitiva de subir para a superfície da consciência. Mas isso não vai aparecer em pensamentos. Não olhe para qualquer coisa que aconteça. Ele aparecerá como uma compreensão interna da natureza da realidade. Mais tarde, você vai descobrir subitamente que ele está "somente aí." No entanto, simultaneamente você está tornando a mente disponível para uma experiência de despertar completo.

Em Poucas Palavras

"Nada que possa ser perecebido pode ser "eu" ou "meu."

–Sri Nisargadatta Maharaj

"Cessai a identificação com toda fenomenalidade."

–Wei Wu Wei

Este capítulo se concentra no coração da Vida Não-Volitiva. Os capítulos seguintes irão esclarecer e ampliar este fundamento.

Por que somos tão infelizes? Porque as coisas não acontecem do nosso jeito. Porque tememos fazer as coisas que não queremos fazer, mas temos que fazer. E não podemos fazer muitas das coisas que queremos fazer. Tudo isso se resume ao fato de que sentimos que somos uma pessoa com desejos e necessidades que estão em conflito com as nossas circunstâncias e nossas responsabilidades. Em outras palavras nossa "vontade" nem sempre está em sintonia com o que está acontecendo ou o que deveria ser feito. Uma compreensão do que-somos e o que a mente é nos livrará dessa falsa sensação de vontade e removerá a carga de nossas responsabilidades. Então, nós realmente seremos felizes, e sem tentarmos ser.

Você Não É A Mente

Temos sido ensinados que a mente é o nosso eu, pensamento.

Nós não podemos ser a mente, porque nós somos o que está percebendo a mente. Olhe para si mesmo agora. Você está olhando para pensamentos de um nível superior anterior. Mas não podemos perceber nosso self assim como nosso olho não pode ver a si mesmo, porque é o que está olhando. A mente não pode ser o nosso self. O mestre chinês Zen, Hsi Yün (Huang Po) disse: "A percepção não pode perceber." Então, você é as percepções (pensamentos e sentimentos) de um "eu" ou o que está percebendo?

Sentimos que somos a mente por causa da forma da própria mente funcionar. A mente entende as coisas através da comparação das percepções e cria conceitos objetivos deles para que ele possa comparar um conceito com outro. Este é um conhecimento dualista, intelectual, e logo cria um conceito de si mesmo como "eu" e então começa o problema. Assim, a mente associa o sentido de "eu" com o seu funcionamento e com o corpo e nós acreditamos e sentimos que somos um indivíduo, pensante, uma entidade atuando. Esta é a origem de todo o nosso sofrimento. Uma vez que sentimos que somos um indivíduo, começamos a ver e avaliar tudo o que se refere a nós como um indivíduo. Tornamo-nos uma coisa em um universo de coisas. Pequeno, vulnerável, mas supremamente importante (pelo menos para nós mesmos) um indivíduo em um vasto e infinito, sem propósito, cosmos insensíveis. Nós perdemos a nossa origem, o verdadeiro senso de identidade com o Absoluto.

A Mente Segue Seu Próprio Caminho

Ao observar os nossos pensamentos durante um tempo, podemos observar que a mente funciona, literalmente, por si só. Pensamentos apenas aparecem e vão aparecendo automaticamente. Temos a sensação de que sou "eu" quem está pensando, mas essa sensação é apenas um reflexo condicionado causado pelo conceito de nosso eu como um indivíduo. Ao observar os pensamentos podemos ver como eles aparecem espontaneamente e sem um dono, como um pássaro no céu. Basta tentar não pensar por alguns segundos e verá que isso é impossível. Você terá que pensar em não pensar. Não há um "eu" que controla esses pensamentos. Nós podemos ter a ilusão de intencionalmente pensar sobre um determinado assunto, mas observe que a idéia de pensar sobre algo propositadamente vem por si só. Então nós fazemos isso automaticamente, mas com a sensação falsa de que somos o "autor." Esse sentimento de ser o "autor" não somos nós, isso pertence à mente. Isso é algo que estamos percebendo.

Será preciso mais do que apenas alguns minutos de observação dos pensamento para provar isso definitivamente. E muitas vezes leva muitos meses de diligente observação para realmente ver e ser convencido disso. Isso ocorre porque o sentimento condicionado de ser o pensador é tão profundo que a própria idéia de que a mente segue seu próprio caminho parece absurdo. Mas a recompensa desta única descoberta é enorme em termos de libertação e de uma compreensão mais profunda de nós mesmos e do universo.

A própria idéia de que a mente está operando por si só é inaceitável para a maioria das pessoas, porque parece remover o controle do indivíduo sobre a mente e permite que o indivíduo deixe de aceitar a responsabilidade por suas ações.

Esta é uma razão justificada do ponto de vista de um "indivíduo." Porque a mente concebe-se como um indivíduo, então usa esse temor de dano ou recompensa para si mesma como uma forma de inibição para não fazer as coisas "prejudiciais" (em última análise, nociva a ela ou à sua imagem de si mesma). No entanto, isto não é você; é a mente que regula a si mesma. Este é o lugar onde os sentimentos de escravidão e frustração vêm.

O melhor controle é ver que você não precisa ter controle de tudo. Por causa da mente conceber-se como um indivíduo, ela acumula necessidades e desejos conflitantes. O objetivo não é apenas para liberar as inibições que nos mantêm sob controle, mas para dissolver a ilusão da mente de ver a si mesma como um indivíduo responsável e identificado com a mente. Isso vai, ao mesmo tempo, começar a dissolver as inibições, bem como a necessidade deles, porque as necessidades e desejos conflitantes vão desaparecer com o eu ilusório.

Você Não É O Fazedor

Você nunca "fez" nada. É a mente que acha ser um indivíduo que concebe-se como o "pensador" e também o "ator" ou "fazedor." Mas não é nenhum deles. A mente não é uma coisa ou uma entidade, mas um processo, o processo de pensamento. Trata-se simplesmente de um processo que está a acontecer automaticamente, da mesma maneira que o coração está batendo automaticamente.

É por isso que não podemos viver uma vida perfeita, apesar de termos sido ensinados como uma "boa" pessoa deve ser. Sabemos que não devemos ficar com raiva de quem amamos, mas apesar de tudo deliberadamente nós ainda ficamos. Por quê? Porque eles não são os nossos pensamentos ou nossas ações, porque não somos o pensador de nossos pensamentos, nem o fazedor de nossas ações. Nós não somos o experimentador da experiência. O que nós somos então? Nós somos o que está percebendo a mente e não somos uma pessoa.

Nós somos o que está percebendo as ações, mas não somos o fazedor. Nós nunca fomos. Nós nunca fizemos as coisas ruins e nunca fizemos as coisas boas também. Pensamentos são afetados pelo ambiente (como as palavras deste livro), hábitos e tendências internas e pelo conceito da mente "eu," mas não por algum "real" eu. Somos incapazes de interferir com a mente. Por quê? Porque não há ninguém para interferir. Nós não somos ninguém. Assim, nós absolutamente não podemos ter qualquer vontade. O conceito de ser um indivíduo é uma invenção da própria mente. É a forma como a mente funciona. O sentimento de vontade é uma ilusão gerada por este conceito de um "eu."

Jamais poderemos encontrar a nossa própria vontade (volição) em qualquer ação. Toda assim chamada ação é na verdade uma reação automática da mente acompanhada com um sentimento de vontade. Não é um "eu," mas é a mente que segue automaticamente o seu próprio caminho. Basta observar a mente. Concentre-se em como ela está operando. Esteja ciente disso. Isso é tudo que pode ser feito. Isso é tudo o que você pode fazer. Isso é tudo o que já fizemos. É a mente que pensa e sente, somos nós o que está ciente do que a mente pensa e sente. Estamos perfeitamente abertos, vazios e quietos. Nós não estamos no espaço ou no tempo. Nós nunca podemos ser afetados de forma alguma. Não temos quaisquer necessidades ou desejos. Nós apenas brilhamos, sem esforço.

Nós somos aquilo que percebe o que está aparecendo. Na verdade, é por causa deste perceber que alguma coisa aparece. O que nós somos é o ser-sendo (qualidade de ser) do que aparece. O que é, ou o ser-sendo, do próprio sentido de "eu sou." Outra maneira de colocá-lo é que somos a consciência em que tudo aparece - o aqui-agora, o sentido (sensação) de presença, a consciência.

Veja que nós somos simplesmente e apenas aquila consciênte da mente enquanto ela segue seu próprio caminho. Cada sensação e sentimento que temos, pertence à mente, a manifestação, não nós mesmos. Tudo que aparece de qualquer maneira, podemos dizer: "Isso não sou eu, aquilo não sou eu."

Nós somos a observação, não o pensador, ou o executor ou o experimentador. Uma vez que isto é profunda e completamente compreendido, a mente pode abrir mão de seu senso de vontade e de seu sentido de ser um indivíduo, relaxar e apenas ser. Tudo acontece por si mesmo. Tudo acontece como deveria. Tudo acontece como tem de ser.

Quando a mente se solta de seu senso de si e da vontade, há um sentido mais profundo de completa paz e realização. É a Felicidades falada pelos antigos mestres. Todo o medo desaparece.

Nós agora olhamos para a nossa Verdadeira Fonte (que sempre fomos, mas não tinhamos percebido), o atemporal, Absoluto, o Imanifesto. Isto é o que todos nós somos. Esta é a fonte última de nossa luz da consciência. Nós somos a percepção manifesta de sua fonte, e que se desdobra espacial e temporalmente como ele eternamente É.

Um Grande Salto Para A Humanidade ...

Eu escrevi o capítulo anterior para um artigo, em 1993, sob o título de Uma Exploração da Vida Não-volitiva, e esteve disponível na internet há vários anos. Eu originalmente escrevi só para mim, porque eu queria ver como eu poderia expressar de forma sucinta a minha compreensão. Eu enviei para um amigo só para compartilhá-lo com ele e ele colocou em seu site na internet. No entanto, ele é necessariamente expresso em termos dualistas e, como já foi lembrado, o problema é que alguns leitores ainda podem imaginar-se como "alguém" ou alguma "coisa" fazendo a observação, como um "observador."

A ação de observar, ficar focado na pura consciência e desidentificado com o que é percebido pode levar ao Despertar, mas a dualidade é o real problema. E trataremos disso.

Quando eu estava tentando entender o não-dual, parecia tão misterioso, como se fosse necessário algum tipo de grande salto de compreensão para ver. Mas, mais uma vez obrigado a Terence Gray, eu vi é realmente necessário apenas um pequeno passo.

Escrevendo sob o nome de Wei Wu Wei, ele se expressou maravilhosamente em seu poderoso livro pequeno, *Todo o Resto é Escravidão, A Vida Não-Volitiva*, publicado originalmente em 1964 por Hong Kong University Press. Na página 41, *Vivendo Sonhando*, Sr. Gray fala sobre entrar em um restaurante onde você vê uma mesa, ouve as pessoas falando, prova o que você está comendo, sente o cheiro do vinho no seu copo, sente o garfo e a faca em suas mãos, e você saber que você está almoçando. Então, Sr. Gray declara que nada disso de fato acontece como uma série de acontecimentos externos vivenciados por você. Por que isso?

Enquanto tudo isso aparece na consciência, o vidente e o visto são realmente conceitualizados, (objetivado, usando o espaço e o tempo), a partir do simples ver; o que escuta e o que é ouvido são conceituados a partir da audição; o provador e o provado são conceituados no gosto; aquele que cheira e o que é cheirado são conceituados no cheiro, e o que toca e o tocado são conceituados na sensação. O que vê e o visto, ouvinte e ouvido, provador e o que é provado, pessoa que cheira e o que é cheirado, o que toca e o que é tocado, não existem como coisas em si, mas são todos objetivados (interpretados como objetos) pelo processo de pensamento dualista de ver, ouvir, cheirar e tocar, que eles mesmos, são todos simplesmente a percepção.

Isso pode ser ainda mais fácil de compreender quando vemos como fazemos esta objetivação adormecidos num sonho. Durante um sonho, acreditamos que ele é real, que somos um aparente vidente - "eu" - vendo os objetos, e assim por diante para os outros sentidos. No entanto, quando despertamos, vemos que tanto o nosso "eu" aparente e os "outros" aparentes só foram interpretados pela mente como objetos individuais, separados e entidades aparentes. Eles não eram realmente objetos ou coisas-em-si. Eles não estavam em nenhum espaço no nosso quarto enquanto estávamos sonhando, eles eram todos apenas o fenômeno do sonho. Na verdade, o maioria dos grandes mestres têm-nos dito ao longo da história que esta "realidade," onde pensamos que estamos acordados, e onde somos um indivíduo separado em uma pré-existencia no universo infinito, também é criada da mesma maneira. Este é o "sonho vivo," eles nos dizem, e também, tudo isso é criado pelo fenômeno da percepção da consciência.

Talvez seja mais fácil ver que os "outros" do sonho não eram indivíduos reais do que ver que o "eu" do sonho não é o que realmente somos, pois quando acordamos parece que ainda estamos aqui, enquanto os "outros" e todo mundo do sonho desapareceram. No entanto, se olharmos e percebermos e entendermos como a mente está levando esse processo de percepção ao interpretá-la, ou dividindo-a como duas aparentes "coisas," um observador e a coisa observada, podemos ver que o eu sonhado, como observador, na verdade não existe como uma coisa-em-si, um objeto ou uma entidade independente. O nosso "eu" era um conceito sonhado como eram os "outros." Se nós pudermos ver isso, muito possivelmente, também poderemos ver que o "eu" que pensamos que somos aqui e agora, também é uma ficção. Não há alguem vendo e o algo visto, apenas o VER objetivado conceitualmente como vidente e visto. E você pode fazer isso com qualquer um ou todos os outros sentidos do corpo.

Quem, então está sonhando este "sonho vivo?"

Ninguém, é claro. Nunca existiu um sonhador. Não acabamos de ver como a percepção está sendo conceituada automaticamente como perceptor e percebido? Sonhar é concebido como um aparente sonhador e o sonhado, mas ironicamente, através da análise do processo de sonho em si, podemos ver que há apenas o sonho. Não existem tais "coisas" como um sonhador ou o sonhado. No sonho vivo há apenas percepção. Nunca existiu entidades reais ou coisas e jamais houve.

A realidade, então, é ealmente não-dual. Ela apenas parece ser dualista devido à forma como o processo de pensamento funciona. Isso pode ser reconhecido por ver que a maioria dos conceitos básicos são inventados pelo truque de agrupar percepções mutuamente que se excluem, opostos interdependentes e, em seguida, assumem que eles sejam coisas-em-si (como "acima" e "abaixo"). Embora cada oposto exclui o outro, por sua natureza, ao mesmo tempo, cada um depende o seu oposto para dar-lhe sentido.

Este é o "Grande Segredo," que ninguém suspeita. E para a maioria das pessoas, mesmo sugeridas ou compreendidos sobre tudo isso, é imediatamente destituída e quase nunca levada a sério. Não é um segredo porque está sendo escondido, mas porque a mente tem o hábito condicionado de pensar apenas em termos de objetos aparentes como "observador" e "observado," e não está habituada a reconhecer ambos como realmente são: a percepção. Não podemos sequer imaginar não ser ou ter um "eu."

Mas o "eu" é um conceito interdependentes cujo oposto é "outro" ou "não-eu." Não pode existir sem o outro. O conceito de "eu" depende do conceito de "outro" para dar-lhe sentido pela exclusão. "Outros" depende do "eu" para dar-lhe sentido pela exclusão. Eles são interdependentes e, ao mesmo tempo se excluem mutuamente.

Muitos no primeiro momento, conscientemente ou inconscientemente (por causa da mentalidade) interpretam a vida não-volitiva como uma espécie de fatalidade. Não se trata, porque não há nenhum "eu" para ficar à mercê do destino. Mas não existem meio para isto. Se alguém acredita em um "eu" que não tem nenhuma vontade, é pior do que nenhuma compreensão, e vai leva-lo a apatia e a depressão. Ou, se acredita na vontade, mas não em um eu, isso vai causar problemas semelhantes. Ambos os equívocos são contradições óbvias.

Na compreensão adequada da vida não-volitiva encontra-se total liberdade de ação apropriada. Não é nem vontade de fazer, nem de não-fazer. A aparente perda da vontade e do eu vai parar muitos logo no início da caminhada e eles nunca vão ver nada além disso. Na verdade esta é a sua prisão. Não podemos perder o que nunca tivemos. A correta compreensão é a nossa verdadeira libertação.

Objetivação não é errada em si mesmo, mas acontece que quando o processo de pensamento objetiva seu ser (em pensamento) como uma entidade independente, e em seguida, *identifica-se com esta entidade imaginária como quem voce é*, isso causa todos os tipos de problemas. Ele é responsável por toda a nossa escravidão e sofrimento, porque ele ve nossos objetos como "diferente de nós" em vez de como aspectos do que-somos. E uma entidade independente, "eu" pode ter coisas desagradáveis que acontecem a ele. Se você não é um "eu," então o que pode acontecer com você? No entanto, desde que você está identificado com um eu volitivo, você tem de julgar a si mesmo como o único a ser responsabilizado.

Anteriormente a citação de Terence Gray foi: "e você *sabe* que você está almoçando." Acabamos de ver que não há nem o conhecedor, nem o conhecido, mas há o saber. E aqui reside o centro da questão. *Sabemos* que estamos almoçando ou o que estamos fazendo. Agora você sabe que você está lendo um livro. Meu computador não sabe que é um computação, mas eu sei que eu estou escrevendo. Eu sei que "eu sou," mas não como qualquer "um" ou como qualquer "coisa," e este *saber que eu sei* é um grande milagre. Só pode ser reconhecido olhando aqui, agora. Isto é o que eu sou, e o que você é. Isto é o que somos. E esta é a origem do sonhar do sonho da vida. Você vê que a realidade não dual é realmente muito simples. Nenhum observador, nem coisa observada, apenas o fenômeno da percepção. E isso é o que você é. *Isto é o que tudo é.* Assim como no sonho ao dormir, tudo no sonho existia apenas como o fenômeno do sonho. Uma vez que isso é reconhecido, muitas outras dúvidas serão esclarecidas.

Isso é chamado de "Despertar" ou mente-total.

Há mais sobre as implicações surpreendentes do "sonho de vida" e como ela é apoiada pela física quântica em outros capítulos. Mas antes de terminar este capítulo, vamos dar mais uma olhada na citação de Nisargadatta...

"Nada percebido pode ser eu ou meu."

Quando lemos pela primeira vez essa frase poderosa de Nisargadatta, os processos do pensamento geralmente ignoram o fato de que isso não significa apenas automóveis, edifícios, outras pessoas, etc, que não podem ser eu. Significa, também, o "seu" próprio corpo, seus pensamentos, sua mente, suas emoções, seus desejos, sua compreensão, seu conhecimento, suas decisões, suas ações, sua personalidade, sua bondade, sua maldade - *qualquer* coisa percebida de alguma forma. Você percebeu? Aquilo você pensa que você tem ou pensa que percebe, não é você ou o seu.

Mas, você diz: "Eu estou sem nada!" Exatamente! Até que seja evidente que nada pode ser você ou seu, você não será capaz de ver que, fenomenalmente falando, você é tudo. Mas, novamente, isso não quer dizer que não seja um nada. Pelo contrário, ela não é nem uma coisa, nem um nada. São os conceitos interdependentes de ambos (algo e nada) que aparecem na consciência. São todas as percepções surgindo espontaneamente na consciência nomenal via extensão temporal. Você precisa ver que você é Consciência Pura - ou seja, a consciência sem conteúdo. No entanto, mesmo a consciência acabará por se dissolver no Absoluto.

Noventa e nove por cento das perguntas que me fazem, não seriam feitas se estivessem percebido que "nada percebe," o que significa *todo e qualquer conteúdo mental* (assim como o corpo). Não há nada a ser feito. Você não tem que se livrar ou parar alguma coisa para despertar. Pode acontecer em um momento em que se reconhece que "nada percebe" e significa que tudo é percebido, tanto o "interior" e "exterior." Nisargadatta está apenas afirmando o óbvio, que qualquer coisa que você olhe (percebe fisicamente ou mentalmente) não pode ser você mesmo ou seu porque ele tem que estar longe de você (objetivado mentalmente) para ser visto, assim como você, obviamente, não confunde uma pessoa na rua por você mesmo, porque é alguém que você pode ver "lá" longe e você está aqui, onde você está. Se você fosse aquela pessoa, você estaria olhando de lá onde ele está e você não poderia vê-lo, porque isso seria o lugar onde você estaria olhando. É claro que isso também vale para o que é percebido mentalmente também.

Apanhado de Surpresa Durante o Jejum da Mente

Muitos anos atrás, eu estava fazendo o "Jejum da Mente," conforme detalhado no início deste capítulo, tanto quanto possível por duas ou três semanas inteiras. Eu estava trabalhando em casa no momento e fui capaz de dedicar uma boa parte do dia para isso. Quando eu tinha uma tarefa para fazer, eu apenas fazia e voltava para o jejum o mais rápido possível.

Numa tarde de domingo, a casa estava silênciosa e eu sentado no sofá "jejuando." Eu havia me tornado tão acostumados a fazê-lo a cada momento livre que eu realmente tinha me esquecido sobre quaisquer benefícios ou mesmo qualquer razão para fazer. Então, eu não estava tentando realizar alguma coisa ou ter alguma experiência.

Nós temos um relógio na sala que toca muito alto. Sem nenhuma pretensão, e eu não sei como isso aconteceu, eu comecei a sentir o som do relogio dentro do meu corpo, e então eu era o tique-taque. Até o meu batimento cardíaco estava sincronizado com o tique-taque do relógio.

Só então eu senti o meu "eu," na verdade, fisicamente e mergulhei nisso com muita força. O pensamento veio: "Eu apenas sou." O pensamento não era o meu pensamento, mas apenas um pensamento. Os antigos Mestres Zen descrevem isso como sendo a parte de baixo de um balde de água caindo que você está carregando, e é exatamente o que foi. Eu estou descrevendo isso em palavras e pensamentos, mas na época não havia palavras ou pensamentos acontecendo, apenas o sentido nu de que "eu apenas sou." Eu não estava separado dele, e não tinha parte intelectual ou volitiva nele. Simplesmente tudo aconteceu espontaneamente.

Quando o eu caiu, tudo o que restou foi o que posso descrever como "sou-sendo." Eu não era nada nem ninguém. Eu era, obviamente, claramente apenas o "sou-sendo" em tudo, o ser e a realidade de tudo, e tudo estava exatamente como deveria ser. Isso não quer dizer que tudo era a maneira como a mente gostaria que fosse ou que os ideais desejados da mente foram cumpridas ou se desenrolou de acordo com os conceitos da mente de bem e mal. As coisas sempre são como deveriam ser de acordo com nosso Verdadeiro Ser ou nosso "Ser Real" - como elas devem ser neste momento. Esta é a harmonia com o universo.

Uma analogia imperfeita seria algo como uma peça de teatro ou um filme, onde todo mundo estava fazendo a sua parte com perfeição. Alguns eram "bons" e alguns eram "ruim," mas foi assim que a história deveria ter ido.

Houve uma enorme sensação de realização total e plena completude. Este sentimento de realização total permeava todo o universo. Senti que essa deveria ser a "felicidade" mencionada na filosofia oriental, bem como a "paz que excede todo o entendimento" na Bíblia. No entanto, não é um sentimento, simplesmente *é*.

Então, alguns instantes depois o tempo e o espaço se dissolveram. E com eles, toda fenomenalidade, todas as percepções, tudo o que estava aparecendo. Isso, também, foi "como deveria ser."

Quando o espaço e o tempo se dissolveram, a única maneira de articulá-la era que, em um momento atemporal, eu estava em *todos e em tudo* o que já foi, é e será. Tudo isso foi realmente vivido em menos de um instante. Mais tarde refletindo, entendi que era o que chamamos de eternidade, e este é o meu (o nosso) próprio ser.

Devo presumir que essa experiência é o que alguns chamaram de "Consciência Universal" ou "Consciência Cósmica" ou "Deus" ou simplesmente "o Todo." Isso era muito mais "real" do que o que experimentamos como realidade cotidiana de vigília. Meu Verdadeiro Ser era realmente o ser de Deus - e não apenas uma parte dela, mas tudo. Como um ser individual, eu não era Deus. Não houve eu individual, mas só Deus, que aparece como o que-somos.

Esta não era uma visão, nem mesmo um novo estado mental. Era exatamente o que é, quando os processos mentais param as interpretações das percepções fenomenais matériais e simplismente abandonam a sua necessidade imaginativa controlar os processos mentais.

A próxima coisa que aconteceu foi que esta Consciência Universal também se dissolveu. No entanto, não há nenhuma maneira de indicar ou mesmo alguma forma o que era "o fluxo" da Consciência Universal. Não há nenhuma maneira de expressar isso.

Depois disso, eu só podia supor que este é o que tem sido referido pelos grandes Mestres Zen e Vedanta como o "Absoluto," que é afinal o que todos nós somos como o nosso, aspecto original. Isso pode ser conceituada como "o fluxo," ou além da consciência pura, mas não devemos ter qualquer tipo de conceito sobre isso. E só pode ser uma condescendência indicar "isso" com alguma palavra, uma vez que não pode nunca ser indicado como "isso" (alguma coisa).

Esta experiência, então foi diminuindo, e o tempo e espaço voltaram, assim como a fenomenalidade tambem, e me veio o pensamento de si próprio "apenas ser." Essa "re-entrada" carregou o entendimento de que sendo o-que-sou é a coisa mais fácil do mundo por ser espontânea. Isso acontece por si só. É absoluto descanso. Isso é tudo o que sempre temos que "fazer" ou podemos fazer. No entanto, mesmo isso, acontece por si mesmo quando a mente se solta. O sentido da completude total e satisfação total ainda estavam lá.

O único problema em "apenas ser" é que, normalmente, a mente não irá cooperar e deverá fazer valer o sentido da vontade do jeito que ela opera. Ela só pode perder este hábito e "abandoná-lo," quando a compreensão penetrar e dissolver essa ilusão. Isso, em essência, é realmente a única coisa que obscurece a nossa realidade, nosso repouso absoluto e total libertação.

Agora faça a Meditação da Realidade #3 mais uma vez.

O QUE É UM
MUNDO MODELO?
Meditação da Realidade #4
O Experimento da "Mão"

Vamos agora descobrir visualmente o que-nós-somos, da mesma forma que reconhecemos isso mentalmente.

Em primeiro lugar, mantenha a sua mão direita na frente do seu rosto. Faça isso agora.

Olhe para a parte de trás da sua mão. Note que ele tem cor, forma, tamanho, etc.

Observe as linhas na costas de sua mão, as unhas, o espaço entre os dedos.

Agora, continuar a olhar em frente e mova sua mão lentamente para a direita e para trás indo para o lado direito de sua cabeça. Poderá move seus olhos para ver sua mão mas não sua mova a cabeça. Continue movendo a mão nessa direção lentamente até desaparecer completamente de vista. Em seguida, mova-o para frente e para a esquerda até que ele apareça novamente.

Agora, mova-o para dentro e fora desta "área."
Você realmente pode ver para onde sua mão vai
quando desaparece?

Não imagine ou conceitue para onde vai. Só
use suas percepções visuais. Será que ele entra em
alguma coisa? Será que ele vai para um buraco
negro do nada?

Ou não desaparece coisa nenhuma, nem nada?
Isto não é uma coisa.

Será que esta "área" para onde sua mão vai
tem qualquer cor ou forma?

É preto ou branca, grande ou pequena?

Pode ser pensado ou visualizado?

Esta é realmente a "luz" que faz toda a luz
brilhar - "A luz que ilumina todo homem que vem ao
mundo."

Ele não pode ser visto em si como algo coisa,
mas é a fonte e a essência de tudo o que aparece.
Em última análise é realmente o-que-voce-é.

Até agora você pensou que você era apenas um
lado do dualismo (eu / outro), mas agora você pode
ver (no-ver) e se identificar com a fonte subjacente
de ambos. Esta Fonte - Luz, Espírito, Consciência -
é inefável, nada que você possa realmente descrever
conceitualmente ou visualmente, nem alguma coisa,
nem nada, nem objeto, nem espaço. Pode-se dizer
que é absolutamente puro e absolutamente imóvel.
Aqui, a Fonte é absolutamente vazia: "lá fora," como
percepções, é absolutamente completa.

O QUE EU SOU?

Não se deixe enganar pela sua simplicidade e proximidade. Não se deixe enganar por encontrar "a luz do mundo," presente aqui e agora (onde você pensou que sua cabeça estava), em vez de encontrá-lo em um conjunto complicado de abstratos, idéias teológicas.

Toda percepção da cor, movimento, objeto ou espaço aparece "lá fora."

O absolutamente vazio, ainda, clara Fonte, impecável dessas percepções é aqui.

NOTA: seus sentimentos, pensamentos e ações também são opostos interdependentes (feliz / triste) e estão sempre ligados a fenomenalidade - coisas e objetos. É aí que eles pertencem, com o mundo das coisas "lá fora."

O que você acabou de descobrir é o fluxo, antes, do sentimentos, pensamentos, ações, coisas ou alguma coisa que seja objetiva. Mas para aparecer, ele deve aparecer como "outro" do que realmente é. Parece então como "o mundo," quer se trate de pensamentos, sentimentos, montanhas ou estrelas.

O que você realmente é, sua Fonte *aqui*, está sempre vazia, pura e imóvel. Que deveria ou teria que obscurecer o que está aparecendo. É a paz que excede todo o entendimento. Observe também que não há nada como um "eu" *aqui* também. Não há "eu" ou "outro" *aqui*. Nenhuma entidade objetiva mesmo, apenas não-coisa.

No entanto, esta é a fonte em que todos os conceitos e percepções aparecer.

Ao reconhecer que você é uma não-coisa você se tornar tudo. Isso é perder a vida para encontrá-lo. É "densas trevas" para a mente-dividida, mas "a luz" para a mente-total.

É realmente o-que-você-é, como você é.

Você finalmente voltou para casa.

O Que É Um Mundo Modelo?

"Não vejo ninguém na estrada," disse Alice.

"Eu só queria ter tais olhos," o rei comentou em um tom impaciente.

"Para ser capaz de ver ninguém! E a essa distância também!

Ora, isto é o máximo que eu posso fazer para ver as pessoas reais, por esta luz!"

- Lewis Carroll

Through the Looking-Glass

Nós presumimos que nossas percepções são uma percepção direta do que é realmente "lá fora" no mundo. Parece evidente e óbvio demais que os sentidos são simplesmente canais de informação proveniente do mundo exterior.

O senso comum nos diz isso, mas o senso comum também nos diz que o sol se move e a terra fica parada. Mas sabemos que a Terra gira em torno do sol. (Não vamos ser como os homens que se recusavam a olhar para o telescópio de Galileu.) De maneira semelhante, o mundo newtoniano que percebemos não é como os físicos do mundo descrevem. Tendo crescido com a ideia de um mundo real "lá fora" é quase impossível duvidar. Isto é assim porque nós criamos "lá fora" e "aqui" conceitualmente. Mas antes de abordarmos isso, vamos primeiro tentar entender exatamente porque nós vemos o mundo como nós o vemos.

No século XIX, foram descobertas uma série de coisas interessantes sobre a percepção, mas foram em grande parte esquecidas quando o computador foi inventado e os cientistas começaram a tentar fazer seus computadores realizar algumas das mesmas coisas que nós, os humanos. Afinal de contas, eles pensaram, não é o cérebro apenas um computador também? Eles presumiram que deveria ser simplesmente o processamento dos sinais sensoriais nervosos que estão sendo estimulados pelo ambiente para descobrir o que está "lá fora."

Em seu livro fascinante sobre a percepção, A Second Way of Knowing, o autor Edmund Bolles relata como os cientistas acreditavam que eles poderiam fazer um computador ver, analisando a saída de uma câmera de vídeo para contar o que foi apontado. Eles pensaram que podiam simplesmente armazenar, em um índice, um monte de regras sobre como as coisas pareciam e comparar isso com o que estava na tela, o computador poderia "entender" o que está lá fora.

A tarefa revelou-se muito mais difícil do que parecia. Os cientistas tiveram de perceber que é preciso algo muito mais sofisticado do que a análise quantitativa dos sinais da câmera para entender o que a câmara estava "vendo," e que os seres humanos viam de uma forma totalmente diferente do que se supunha.

Pessoas Não São Computadores

O estímulo "lá fora" é interpretado "aqui" de acordo com o nosso modelo de mundo. O nosso modelo de mundo é a nossa compreensão do que fenomenalidade (o mundo) é e como funciona. A partir do momento em que nascemos, começamos a tentar entender o que nossos cinco sentidos estão nos dizendo. Começamos a formar reflexos, depois as idéias, em seguida, um modelo do que elas significam em conjunto. Quando começamos a ser capazes de comunicar com os outros, temos idéias deles sobre o que somos e o que o mundo é. A forma como os nossos corpos e mentes funcionam também afetam a maneira como formamos nosso modelo de mundo.

Por exemplo, podemos supor que o olho vê as sete cores primárias e envia a informação através de comprimentos de onda para o cérebro. Mas Bolles descreve como os experimentos mostraram que o olho responde melhor a apenas três partes do espectro eletromagnético: violeta a 419 nanômetros, verde a 531 nanômetros e verde-amarelo a 558 nanômetros. Responde a um grau muito menor do que o resto do espectro visível. O olho computa todas as cores que percebemos a partir dessas respostas e transmite uma (subjetiva) descrição qualitativa da cor que estão conscientes. Chamamos isso de parte "visível" do espectro eletromagnético, não porque tem alguma qualidade que o torna visível, mas porque essa é a parte que o olho responde. O olho poderia muito bem ter respondido a uma parcela muito maior. "Então," como Bolles observa, "nós poderíamos ver as ondas de rádio e televisão."

A ciência conhece apenas os comprimentos de onda, ainda vemos as cores - uma experiência puramente *subjetiva* de percepção. Curiosamente, um objeto absorve a maior parte dos comprimentos de onda de cores, mas reflete os comprimentos de onda que vemos, por isso estamos realmente vendo-a como a única cor que não é.

Os materialistas ou os realistas insistem que tudo o que percebemos está "lá fora" no ambiente. Mas, na verdade, "lá fora" é uma construção subjetiva, mesmo que nós não sentimos como se estivéssemos "construindo" a nossa realidade. Estamos confiantes de que estamos apenas observando como é. Mas a ciência interpreta o mundo quantitativamente com conhecimentos de mecânica. Nós "vemos" usando o conhecimento *qualitativo*. Em outras palavras, vemos por *sentidos de percepção*.

O sentido de percepção é a *experiência subjetiva do saber*. Um computador "sabe" muito com seus dados armazenados, mas não *sabe* que sabe. Os televisores não *sabem* que as imagens estão em suas telas. Consciência é *saber* que se sabe algo. A ciência não pode entender este tipo de conhecimento que é tão fundamental para a nossa vida diária.

Um telefone funciona transformando vibração sonora em sinais elétricos, que são uma forma de informação mecânica ou códigos para as vibrações. Na outra ponta os sinais elétricos são transformados em som. Estes sinais podem ser medidos, registados e interpretados por outros dispositivos. No entanto, os nervos sensoriais operaram para criar sensações, não de informações mecânica. Nossos sentidos interpretam o mundo qualitativamente de acordo com seu significado subjetivo. A ciência não tem nenhuma maneira de entender isso, já que não pode haver uma maneira mecânica, quantitativa para medir percepções. Na verdade, a ciência não tem idéia do que as percepções são e prefere ignorar o assunto por completo. Eles reconhecem o ato de percepção, mas eles não podem quantificá-los ou mesmo verificar que compartilhamos as mesmas percepções subjetivas. E desde que a ciência funciona através da medição ou quantificação, eles são forçados a ignorar isso.

"A ciência não sabe explicar por que existem percepções ou como elas funcionam ou por que o mundo parece tão firme. O que vemos continua a ser mais consistente do que a realidade," diz Bolles. Em uma foto, o maior número de moedas e circulos são realmente ovais. No entanto, nós mentalmente "vemos" uma moeda ou circulo sendo redondo, não importa o ângulo que o vemos, porque sabemos que ela é redonda. Em uma foto, as pessoas não são do mesmo tamanho, os mais próximos à câmera são maiores. No entanto sabemos que as pessoas são muito mais do mesmo tamanho, pois sabemos que eles realmente não ficam menores conforme se afastam. Em outras palavras, nós reajustamos a ilusão de ótica aparentando deles serem de tamanhos diferentes porque as nossas mentes "sabem" sobre a perspectiva e distância. Na verdade, não há pessoas ou objetos em qualquer foto, apenas cores e sombreados. Quaisquer pessoas ou objetos que vemos em uma foto são construídas na mente e mentalmente interpretada como pessoas e objetos. A maravilha é que vemos os objetos na foto. Animais raramente veem figuras nas fotos. Uma das razões que os animais muitas vezes não reconhecem os valores em uma foto é que eles dependem muito de pistas de cheiro e sem os dados significativos, as imagens não costumam pegar a sua atenção.

Há bastantes destes exemplos para preencher um outro livro, mas quando nos damos conta de que isso acontece, é mais divertido verificar se podemos descobrir algumas delas para nós mesmos.

Essa interpretação da percepções é automática, sem esforço e sem pensamentos. Isso acontece quase que instantaneamente e nós geralmente não temos nenhum indício de que está mesmo acontecendo. Muitas criaturas usam esta interpretação automática como vantagem para camuflar-se de modo que não podem sequer vê-los e eles são comfundidos com o "plano fundo." Camuflagem é usada por predadores e presas igualmente. Mas de vez em quando somos surpreendidos por um objeto ou criaturas que não são familiares para nós e nós nos pegamos tentando descobrir o que poderiam ser. Quando somos surpreendidos desta forma tudo o mais que estamos fazendo parece chegar a uma parada brusca. Nosso corpo momentaneamente congela, e nossa atenção se reduz exclusivamente a este objeto estranho enquanto tentamos encaixar em nosso modelo de mundo.

A Realidade Não É "Lá Fora"

"Quando dois se tornarem um, e quando fizerdes o interior como o
exterior, o exterior como o interior, e o superior como a inferior ...
então entrareis no reino."

- O Evangelho segundo Tomé

"Dentro" e "fora" são conceitos básicos interdependentes que nós nem sequer percebemos que eles são apenas invenções da mente, usados para interpretar o nosso modelo de mundo. O mundo que temos tanta certeza que está "lá fora" depende de uma construção mental de nós proprios. Por exemplo, podemos dizer que os sonhos não vêm de "lá fora," mas se originam do "aqui dentro." É claro, sabemos que não existe nem um real "aqui" nem um "lá fora" em um sonho. Mas durante o sonho o "aqui" (em nossa mente) é acreditado ser o "lá fora" (o mundo dos sonhos), assim como este livro está sendo interpretado como sendo "lá fora" no momento. O cérebro não é apenas um processador de símbolos como um telefone ou um computador, mas um produtor de sensações, de experiência subjetiva. Na verdade, até mesmo o que chamamos de cérebro, não é interpretado dessa forma. O que o cérebro realmente é deve ficar claro em capítulos posteriores.

As sensações são qualidades da experiência imensurável da consciência. Na verdade, as coisas não estão "lá fora." Também não existe um "aqui dentro" onde as percepções são interpretadas. Percepções são dependentes de compreensão. Sentido perceptivo não vem da lógica, mas por associar um tipo de sensação com outra.

Nós construímos "coisas" mentalmente por causa da maneira como a mente funciona e pelo modelo de mundo que nós demos forma. A idéia "árvore" não está "lá fora." Nós experimentamos sensações como emoções e imaginação, etc, que não estão "lá fora" no nosso modelo de mundo e não estão incluídos nos cinco sentidos físicos, então nós interpretamos como "aqui dentro."

Você pode pensar que você pode simplesmente fotografar uma árvore e que prova que está "lá fora." Mas provando o estar "lá fora" passa para a câmera e a fotografia e até mesmo sua própria cabeça e corpo também. Além disso, você não pode fotografar ou gravar os seus sentidos de "árvore," as percepções sensoriais que temos rotulado como "árvore." As percepções do som do vento soprando através das folhas, a sensação dura, acidentada do tronco, o cheiro do aquecimento do sol na casca, os tons sutis de verde nas folhas, todas tomadas em conjunto lhe da aqui e agora a experiência sensual de uma árvore. Essas percepções pertencentes à árvore são separadas do resto do seu fluxo de percepções e conceitualmente simbolizada como uma parte separada de tudo, como uma coisa-em si mesma.

A maioria de nós já vimos filmes de cinema e sabemos que é uma série de imagens fixas. O que vemos como um movimento é na verdade, muitas imagens fixas rodando rapidamente, uma após a outra. Em uma tela de cinema nada realmente se move. Nós construímos o movimento. Ele é chamado de persistência da visão e o movimento acontece todo na interpretação. Da mesma forma, a música e a melodia são construídas a partir do som. A música é som, mas a melodia musical não faz parte da física e não é mensurável: é uma invenção subjetiva. No máximo podemos quantificar a música com certos padrões de dados semelhantes ou recorrente. Mas o que nós conhecemos como "música para nossos ouvidos" é uma experiência subjetiva.

Nossa Percepção de Mundo É Aprendida

Em seu livro, *Pilgrim at Tinker Creek*, Annie Dillard escreve sobre pessoas cegas que nunca enxergaram, mas ganharam a visão por meio de uma operação de transplante de córnea e precisaram aprender a ver. Eles não tinham nenhuma compreensão de distância, espaço, só com o tempo. Eles não sabiam o que era uma árvore até que eles sentiram. Eles não sabiam o que as sombras eram. Uma delas disse que limonada tinha gosto de "quadrado." Alguns tornaram-se tão frustrados e confusos que tiveram que fechar os olhos e regressar ao seu familiar e mais confortável mundo sem visão.

Podemos ver o significado, a realidade não quantificável mecânica. Os significados também são afetados pela língua e cultura. Diz-se que o entendimento Hopi de tempo é muito diferente de outras culturas. Achamos que o nosso conceito de tempo é óbvio e evidente, e é até que, como Santo Agostinho observou, alguém nos pergunta o que ele é. "O que então é o tempo? Se ninguém me pergunta, eu sei o que é; se quero explicá-lo a alguém que faz a pergunta, eu não sei."

As nossas percepções criam a impressão de um espaço e tempo absolutos - algo separado de nós que passam por nós. Tomamos por certo que ele realmente é assim. Mas tudo isso vem do nosso modelo de mundo mental. O espaço e o tempo são na verdade conceitos usados para "projetar" no mundo fenomênico. Nós construímos o mundo, estendendo-o nas três direções espaciais e numa direção temporal como duração.

Os paradoxos famosos de Zeno derivam da forma como objetivar o espaço-tempo como algo em si, para além de nós, em vez de compreendê-la como mecanismo de consciência da manifestação. Por exemplo, Zeno argumentou que era impossível atirando uma flexa ao alvo. Antes que a seta pudesse acertar o alvo deve primeiramente percorrer metade do caminho. Mas antes que pudesse percorrer metade do caminho, ele primeiro deveria percorrer metade do caminho do meio do caminho. Mas antes que pudesse ir no meio do meio do caminho, ele deve primeiro percorrer metade do caminho... e assim por diante infinitamente e, portanto, nunca poderia alcançar o alvo. E no entanto ele consegue.

Os Dois Níveis de Percepção

O primeiro e principal nível de percepção é o conhecimento *sensorial* - percepções. Que é onde nós iniciamos quando bebês. Este nível é de um tipo não-linear de percepção. É o nosso nível intuitivo, holístico. Compreensão não-linear é o lugar onde podemos ver a "grande paisagem," onde nós, como adultos, por vezes, obtemos esses magníficos flashes, intemporal de discernimento espiritual, onde de repente vemos o "verdadeiro sentido da vida" e a simplicidade e correlação de todos as coisas. Este é o nosso mais puro nível "real" da vida.

O segundo nível de percepção é o conhecimento *simbólico* - conceitos. Esta é realmente uma camada artificial de sentido construído com rótulos e conceitos em que (infelizmente) passamos a maior parte de nossa vigília, pensando na vida. É um tipo de percepção linear onde o nosso modelo de mundo se expressa em nossos pensamentos, linguagem e comunicação seqüencial.

Uma maneira de começar a entender a diferença entre a percepção linear e não-linear é compara-la olhando para uma foto e a leitura de uma descrição da mesma cena. Quando olhamos para uma imagem temos a sensação de toda a cena imediatamente. Isto é percepção não linear. Quando nós lemos uma descrição da mesma cena ela se desenrola de uma forma linear, palavra por palavra, em progressão ao longo do tempo.

O mundo físico é considerado o "mundo real" só porque o nosso modelo de mundo interpreta dessa forma. Mas ele não é a básica "coisa material" que presumiu que ele seja. A nova física provou experimentalmente que o nosso mundo não é um mundo de matéria, tempo e espaço, como tínhamos pensado, e realmente não há "lá fora," nem de fato, "aqui dentro." O físico dinamarquês Niels Bohr, disse que tentar entender como a física quântica aplica-se a nossa realidade cotidiana, levaria-nos à loucura. No entanto, devemos entender porque isso aponta para uma dimensão mais elevada da vida. Como se costumava dizer no teatro: "Não seja, senhoras e senhores alarmados, é tudo parte do show." Não se assustem leitores, logo veremos por nós mesmos que nossa realidade é toda parte de nossa construção mental .

Porque Nós Parecemos Estar "No Mundo?"

Por que estamos aqui? E para que este aparelho psico-somático (mente-corpo)? Por que nós ainda precisamos de um corpo? Por que existe este sistema aparentemente físico que afeta os cinco sentidos do corpo e é conhecida pela consciência?

Em primeiro lugar, ela só *parece* que existe no mundo, porque o nosso modelo de mundo interpreta dessa forma. Em seguida, a única maneira para a fenomenalidade (um mundo) poder manifestar-se ou poder aparecer a partir de um *ponto de vista* é aparente. Consciência estende-se conceitualmente em três direções espaciais e em uma direção temporal (como duração) para criar o espaço-tempo, e usa o que conhecemos como o psico-somático (corpo-mente) como o ponto de vista, de interagir, de ser e de conhecer a si mesmo. Em outras palavras, a consciência se estende espacial e temporalmente aparecer para "si," como "o mundo." Isto inclui o que o nosso modelo de mundo está interpretando como "você" e "eu." Lembra como fazemos isso no sonho ao dormir? Ele funciona da mesma forma como este "sonho vivo."

A compreensão que procuramos é que nós não somos uma coisa à parte do resto do mundo. Nós não somos um espírito aprisionado em um corpo. Nós não somos ninguém (nada) e coisa nenhuma (numeralmente) e portanto, somos todos e tudo (fenomenalmente).

Vamos ter mais diverção com a ilusão das "coisas" e as novas físicas em capítulos posteriores.

Agora faça a Meditação da Realidade #4 novamente.

UMA EXPERIÊNCIA DECEPCIONANTE

Meditação da Realidade #5

A Consciencia Está no Corpo?

Nós não percebemos o quão profunda nossas suposições que aprendemos são incorporadas. Poderia tudo isso ser realmente uma projeção da consciência? Será realmente apenas uma questão de como ela foi interpretada? Ousariamos reconhecemos que a consciência não é uma qualidade ou poder que "possuimos" individualmente, e que *tudo*, inclusive o nosso precioso "eu," nada mais é que a consciência?

Agora, levante-se com o livro em suas mãos. Indo apenas pelo que você vê, aqui e agora, não o que você pensa ou acredita ou lembra ...

Olhe para seus pés.

Agora mova o seu olhar para o seu corpo.

Olhe para os seus tornozelos,

Seus joelhos,

Seus quadris,

Estômago,

Peito,

Você pode ver mais longe o seu corpo?

Indo apenas pela visão, não o que você acredita ou sente, você pode descrever com precisão que você vê onde sua cabeça supostamente está?

Fomos ensinados que somos o nosso corpo e que de alguma forma, por algum misterioso, processo de consciência desconhecida apareceu *nela*. Assumimos isso por tanto tempo que nem sequer questionamos. Não é hora de olharmos para ver por nós mesmos? Será que a consciência aparece em nosso corpo ou é o *nosso corpo que aparece na consciência?*

Veja por si mesmo agora. Largue esse livro, olhe para o seu corpo e pergunte a si mesmo: "Será que a consciência está surgindo em meu corpo ou é o meu corpo que está aparecendo nessa consciência?" Não vá por suas suposições aprendidas; basta olhar abertamente e honestamente, como se fosse a primeira vez.

Em seguida, pergunte-se: "Pode este corpo aparecer sem consciência? Poderia *alguma* coisa aparecer sem essa consciência aqui? "

O que somos, então? Será que somos o nosso corpo como nos foi dito ou somos consciência, como podemos *observar diretamente* por nós mesmos? Então, qual é o nosso corpo? Ele poderia ser a consciência também?

Uma Experiencia Decepcionante

> *"Não leve a si mesmo muito a sério, porque na verdade, não existe alguém."*
>
> –Wei Wu Wei

Quando observamos um mágico fazer um truque, somos enganados por uma ilusão. Mas quando vemos como o truque é feito a ilusão se desfaz por si mesma. Ela se dissolve, então a ilusão é removida. Temos sido enganados.

Este livro é sobre tudo isso. Despertar para a realidade é simplesmente reconhecer o que-somos. Isto tem sido chamado de um grande segredo esotérico. Mas na verdade é um segredo aberto, porque não existe ninguém o escondendo ou que precise encontrá-lo. A maioria não iria entender ou acreditar o que foi dito a eles, no entanto, isso é dado a todos. É simplesmente uma questão de se livrar das ilusões que estão obscurecendo *o que já é*. Este grande segredo esotérico é um segredo só porque ele está escondido por nossas próprias ilusões. E como acontece com todas as ilusões, o truque é uma questão de desorientação. Enquanto estamos observando atentamente uma coisa, a verdadeira enganação é realizado em outro lugar.

O que achamos que somos é uma ilusão. Esta ilusão está redirecionando nossa atenção, por isso não podemos ver o que está realmente acontecendo e o que realmente somos. Estamos tão ocupados cuidando de nossa auto-imagem imaginária que não olhamos para trás (para dentro) e não observamos o que-somos que o eu é apenas um conceito e não é real. Então, não é uma questão de *acrescentar* nada de novo, mas de *perder* nossas ilusões na forma de conceitos e suposições aprendidas. Nós pensamos que temos somente a nós mesmos, por isso nos apegamos firmemente a esta falsa fundação. No entanto, não é real e se pudéssemos ver através dela, podemos ter todo o universo.

Como já foi dito anteriormente, existem duas ilusões básicos na raiz de todo o nosso sofrimento mental, de fato, de todo o sofrimento do mundo. Podem ser difíceis de se ver, pelo menos no início. Mas, antes de rejeitar essa visão libertadora como ridícula ou assustadora, deixe-me lembrá-lo mais uma vez nessa percepção, você não precisa fazer nada para tentar mudar você de forma alguma. A verdadeira libertação não requer nenhum esforço ou força de vontade, não há princípios especiais que você tenha que se lembrar de aplicar. Isso não causa nenhuma culpa e não requer nenhuma fé. Ela exige nada além de observação - simplesmente sua atenção. É precisamente por isso que nada realmente funcionou ate agora para você. Tudo acontece por si mesmo!

As Duas Ilusões Que Obscurecem sua Libertação

1. A ilusão de ser um individuo.

   E, a partir da ilusão de individualidade surge;

2. A ilusão da vontade.

Seu Verdadeiro Ser é "tudo," a Pura Consciência Universal que é conhecida diretamente aqui e agora. Investigue qualquer ilusão e ele acabará por levá-lo para a realidade. É aí que reside o caminho para a libertação e descanso. Por que isso inclui descanso? Você descansa do esforço. Porque a sensação de esforço vem da ilusão de vontade. Por exemplo, quando você tem que *fazer* algo que possa parecer duro ou difícil de fazer. Quando essa sensação de esforço desaparece, você descansa.

Como Podem Ser Ilusões Quando Eles Parecem Tão Reais?

A individualidade e a vontade parecem ser indiscutíveis, mas você pode descobrir um grande segredo se você largar temporariamente suas suposições que aprendeu e com uma mente aberta examinar o que realmente existe aqui e agora. Essas ilusões são causadas pela maneira como a mente trabalha. O processo de pensamento funciona através da comparação e da discriminação entre o fluxo espontânea da vida de percepções na consciência, fazendo símbolos para representar grupos semelhantes de percepções.

Chamamos esses símbolos "nomes," "coisas" e "conceitos." Um nome e em seguida, vem o significado de um objeto, uma "coisa-em-si." Tomemos, por exemplo, a idéia de uma árvore. O fluxo de percepção dentro da consciência que chamamos de uma árvore foi uma real experiência aqui-e-agora, mas o conceito, o pensamento, o rótulo "árvore" é apenas um símbolo, e não o real, presente, o fluxo vivo de percepções. É um rótulo morto, uma imagem mental vaga na memória.

O que nós concebemos como "o mundo" não é realmente muitas coisas separados em si, mas, na verdade, o presente fluxo de vida da percepções na consciência. A partir do momento em que nascemos ouvimos os sons que as pessoas usam para representar o que eles estão percebendo, os símbolos-som que chamamos de palavras. Chegamos a confundir estas palavras com a realidade. Em cerca de 18 meses na nossa vida, começamos a fazer esses símbolos-som de nós mesmos. E rapidamente fazemos um símbolo mental para o que está acontecendo "aqui," onde percebemos tudo. É assim que o corpo-mente no seu ponto de vista torna-se um "eu." Os psicólogos acreditam que isso é uma coisa boa, que precisamos de um conceito-eu. Isso seria bom se nós não fossemos longe demais em se identificar com ele como o que somos, se tornando limitado, deslocado, impotente, com o conceito-eu imaginário lamentável em todo o nosso ser. (Mas então, é lógico, os psicólogos estariam sem um emprego.)

O problema é que nós não fazemos isso por nós mesmos. Estamos constantemente dito de diversas maneiras que somos um "eu," um indivíduo, uma coisa-em-si separado. O modelo de mundo que aprendemos apoia essa crença.

Isso leva à ilusão de que realmente há um "eu" objetivo que está atuando e sendo posto em prática. Esta é a ilusão da vontade, e disto surge um novo tipo de dor. No início, havia apenas a dor física, o que é útil e necessário para manter o corpo seguro e funcionando. Esta é uma dor natural. Mas agora surge a dor psicológica, dor mental, para manter o conceitual "eu" seguro. Esta é uma dor anormal causada pela ilusão de um "eu" e a ilusão de que este "eu" tem vontade. Esta é a ilusão do "eu" como indivíduo, objetivo, atuante e cumpridor. No entanto, este "eu" é apenas um conceito, um nome, um pensamento. Um pensamento não pode pensar ou agir, então como poderia ter vontade?

Mas essa ilusão, esse erro de percepção, afeta o processo de pensamento simplesmente por ser um conceito básico no sistema de crenças e visão de mundo. Porque o "volitivo eu" é um conceito tão básico que causa o desenvolvimento de uma série de reflexos e ações mentais condicionadas necessárias para salvar, proteger e satisfazer este "eu."

Por que A "Espiritualidade" Não Nos Libertou

Nos sistemas de auto-aperfeiçoamento, vamos encontrar, tanto filosófico ou religioso, que devemos adicionar, corrigir, salvar e melhorar este indivíduo, o eu-volitivo. Você já tentou todos e eles não funcionaram ou você não estaria lendo este livro. Isto é porque você estava tentando *consertar o eu-conceitual* que só existe na imaginação e não pode mais fazer nada do que sua sombra. Isso é como tentar "colocar vinho novo em odres velhos." Esses tipos de ensinamentos só podem piorar as coisas, a longo prazo, porque eles afirmam um pseudo-eu, *que é o problema, para começar.*

Esta convicção do esquemas de auto-aperfeiçoamento, aceita este conceito do "eu-volitivo" de modo tão real e coloca o ônus da vontade sobre o "eu," para usar as suas regras e princípios para viver bem e ser bem sucedido. É por isso que eles não nos libertam. Porque o "eu" é em si, só um pensamento não pode pensar, muito menos tomar decisões ou agir, com ou sem razão. Isto leva a sentimentos de impotência, culpa e condenação, porque os pensamentos e ações, seguem os impulsos mais fortes ou são inibidos pelos temores mais fortes. Mas desde que as necessidades mais fortes crescem em torno de garantir, proteger e realizar o "eu," isso é o que fazemos em vez de seguir os nossos conceitos altruístas e espirituais. Não é de admirar "viver corretamente" seja tão difícil, tão impossível. Sabemos o que devemos fazer, mas o poder de fazê-lo é outra questão. Vamos descobrir mais a respeito deste mistério em um capítulo posterior.

Existe Uma Maneira Fácil Para Não Se Deixar Levar Pelo Ensinamentos De "Auto-Aperfeiçoamento?"

O termo "auto-aperfeiçoamento" diz tudo. Qualquer sistema, religioso ou filosófico que pressupõe que estamos melhorando, motivando, liberando ou salvando o nosso eu individual, em vez de simplesmente vê-lo como uma ilusão, só pioraram as coisas em vez de melhora-las. Resumindo, *cuidado com qualquer coisa que pressupõe um eu individual e* volitivo (que tem vontade propria) - um ser que precisa ser corrigido ou melhorado ou "salvo." Não há nada para melhorar ou salvar. Neste pseudo-eu é a vida que você tem que perder, a fim de encontrar a sua verdadeira vida.

Podemos desfrutar da emoção e dos sentimentos positivos e a aceitação pessoal pelo grupo no inicio, mas o efeito final de seguir estes sistemas será aumentar realmente nossa escravidão e ficarmos mais auto-absorvidos e ainda mais desamparados.

O despertar é mais frequênte naqueles que não estão bloqueados por ensinamentos espirituais baseadas em volição que constantemente nos apontam na direção errada. Isso parece não ter muito a nos desviar, mas isso é apenas por causa da forma como o mecanismo do pensamento trabalha ou quando existem outras forças mais maliciosos trabalhando.

Não Preste Atenção Ao Homem Por Detrás Da Cortina

No filme O Mágico de Oz, o mago tentou preservar sua ilusão através da desorientação. Ele não queria que Dorothy e os outros vissem que ele era apenas um homem comum controlando a ilusão de sua "onipotência" atrás de uma cortina. De forma semelhante, os processos do pensamento também protegem a ilusão do pseudo-eu atrás de uma cortina - um véu de rótulos vazios, mau direcionamento, confusão e medo. A fim de se libertar, é preciso realmente ver essas coisas por nós mesmos, por experiência, e profundamente. Quando se trata de descobrir o que-somos, não podemos simplesmente aceitar essa proposição intelectualmente. Isso não funciona. Estariamos então apenas adicionando mais conceitos inúteis para o nosso estoque de conhecimento, e na verdade desiludindo a nós mesmos.

Tudo que nós temos de "fazer" é observar. Devemos realmente ver o processo do pensamento, de modo que possamos ver por nós mesmos como a ilusão está sendo criado. Temos que ver como ela funciona espontaneamente, sem esforço e automaticamente, e ver que o que nós *pensamos* que somos é apenas uma idéia, e nada mais.

Então, temos que observar e ver como as decisões e ações acontecem de fato por si mesma, veja como a intenção de fazer algo vem automaticamente, e não a partir de um "eu." Pode ser parte de uma conversa mental, por deliberação com nós mesmos, mas aviso que a conversa brota da mente de forma espontânea. Não é o seu eu a falar com você mesmo. Existe um eu conversando com outro eu? Isso significaria mais de um eu para consertar-se. Se você em silêncio observar cuidadosamente os pensamentos no ponto de seu surgimento você será capaz de ver como eles aparecem muitas vezes em silêncio no início, como uma sugestão. Então eles vão se repetir mais alto à medida que são "aceitos."

Só assistindo e vendo isso em sua própria mente é que terá efeito. Libertação e descanso, então, virão calmamente por si só, não pelo esforço de tentar mudar. Na verdade, eles sempre estiveram aqui. Pode haver alguma confusão no início para entender essas coisas. Mas isso também é uma ilusão da mente. É a nossa mentalidade, a nossa visão do mundo tentando ignorar, resistir e suprimir esses fatos contrários. Pode-se sentir emoções de medo ou confusão, mas basta ter calma observar a mente e o entendimento acabará por romper e se tornará evidente. O que-somos é espontânea e sem esforço. O entendimento é fácil. A mudança é fácil. Como podemos ver essas coisas por nós mesmos as ilusões vão cair por si mesmas.

Veja, estes não são problemas seus, mas problemas da mente. E a mente não é você ou obra sua. Se eles vão embora ou não, não é realmente a sua preocupação. Não pode ser a sua preocupação. O que-você-é não tem preocupação. Qualquer preocupação sentida é da mente (o mecanismo do pensamento). Na verdade, se você estiver usando essas idéias como "princípios para a aplicação" com um olho no problema, ele não vai ir embora. Isso só se identifica com ele e dá-lhe o poder da crença. Mas você não é a mente, que é apenas o processo automático do pensar. Você é o que está percebendo a mente. Você é o que *sabe* que a mente está pensando. Você nunca esteve envolvido. Tudo o que você *já fez* foi observar. Absurdo? Não, é ridiculamente óbvio quando a ilusão é descoberta.

Temos que ver que isso é algo que vai mais profundo do que o intelectual superficial. Não podemos simplesmente dizer: "Ok, eu acredito nisso," depois olhar tudo mudar durante a noite. Na verdade, grandes coisas podem acontecer e acontecem no início. Mas isso é em grande parte da emoção e alívio de ter finalmente chegado a algo que tem o anel de verdade, que se sente promissor e certo. A emoção acabará por se desgastar e, em algum momento você terá que olhar mais profundo e mais no aqui-e-agora. Estamos indo contra suposições de longa data, fortes e habituais; eles não vão desistir sem lutar. E lembre-se, eles "lutam" com desorientação e ilusão. Essa nova realidade deve ser testemunhado pessoalmente, pessoalmente explorado e observado profundamente e completamente em sua própria experiência para se manifestar na realidade.

Esta Compreensão Não É Para Aqueles Que Querem Ser Superiores

Muitos querem um professor para estar em conformidade com seus conceitos preconcebidas. Isso é porque eles querem ter alguém para imitar e aspirar. Isto não é normalmente considerado uma coisa ruim, mas neste caso, é um obstáculo. Devemos buscar entendimento interno, sem exteriores. É melhor para nós sermos atraídos pelo aro da verdade ao invés de uma personalidade que comanda ou um intimidador carismático.

Despertar não é nada parecido com nossas concepções do que vai ser ou o que esperamos que seja ou o que achamos que uma pessoa desperta deve ser. Este é outro grande obstáculo à visão. Se queremos pensar nele como um guru ou mestre, então estamos no caminho errado. Aquele que promove tais desejos, mesmo inconscientemente, está usando apenas o professor para manter as suas próprias ilusões.

A questão aqui não é a mudança exterior, ou nossa forma de agir e aparecer para os outros, mas a mudança interior, a forma como a mente funciona. O exterior segue o interior. Nunca tente mudar o "exterior." Concentre-se na compreensão da mente através da atenção. Isso não deve resultar em tornar-se egoísta, porque, lembre-se, a mente não é você. Mudança exterior pode ser insignificante ou pode ser arrebatadora. Isso realmente não importa agora. Se fizermos isso apenas por esse motivo vamos perder o ponto completamente. *Não é você* que muda. O-que-é, é, e sempre será, sempre bem, eterno e imutável. É apenas ilusão do que está ocultando isso, e a única coisa que vai mudar é a forma como a mente funciona. Isso vai acontecer espontaneamente quando as ilusões forem descobertas.

Esta mudança só acontecerá se levados a libertação e descanso, decidirmos querer ver e compreender a verdade, não importa a que custe. No início, pode ser usado apenas por curiosidade ou novidade ou mesmo por se rebelar contra a nossa própria hipocrisia. Mas caso consigamos evitar o caminho mais fácil, que nos torna distraídos com qualquer coisa "mais emocionante" ou "mais popular" ou com o que se *quer acreditar*, poderemos perceber que seremos cativados pela sensação de algo realmente maravilhoso.

Existe a possibilidade de chegar um momento em que estaremos em um lugar onde sentimos que simplesmente não consiguimos entender algum aspecto importante e nós só queremos esquecer tudo e continuar com outras coisas, porque aquilo está nos levando à loucura. Mas podemos achar que não podemos. Não podemos ir para a frente e nós não podemos voltar atrás. Provavelmente vai acontecer em algum momento. Isso pode ser o que os mestres antigos chamavam de ser "apanhados nas garras do tigre." Mas, se continuar observando, acabará por ganhar o insight, muitas vezes de maneira inesperada quando não está pensando nisso. Todo o segredo é a atenção pacientemente.

Esses insights vêm muitas vezes em silêncio, quase em segredo, e um dia percebemos: "Ei, eu sei disso. Isso é óbvio. Eu sempre soube disso." E a ilusão cai. A ilusão nos tinha enganado.

Isso porque essa "nova" realidade não é nova. Não é invenção do autor. Temos sido sempre o que-somos. O que mais poderíamos ser? É apenas uma novidade para muitos, porque foi escondido pelas camadas de ilusão, pelos conceitos de si e do mundo, e por conceitos de volição e espiritualidade. Essa ilusão é muito poderosa e é muito profunda, lembre-se que é apenas uma ilusão - não a verdade, não a realidade.

Não há nada de misterioso ou místico nesse reconhecimento. Perdemos o óbvio simplesmente porque temos olhado na direção errada. Temos acreditado nas palavras de outras pessoas para o que-somos. Temos estado a olhar para os conceitos do corpo-mente como o que-somos ao invés de notar de onde estamos olhando. Nós não vemos nada quando olhamos para a nossa fonte, de onde estamos olhando, mas esse "nada" é o milagre despercebido em que tudo aparece. O "si proprio," é puro, quieto, aberto, claro, espontâneo e vivo. É iluminação, consciência pura. É uma dimensão superior diferente da dimensão de mentalização conceitual.

É por isso que temos tanta dificuldade em reconhecer o nosso Verdadeiro Ser. Não há nada para ver *aqui* de onde estamos olhando. Assim, perdemos o óbvio. Fomos à procura de um pensamento ou conceito de *alguma coisa*, pura e clara. Mas a consciência é real, enquanto os conceitos não são. Nós aceitamos automaticamente o que os outros nos disseram, em vez de olhar e ver por nós mesmos o que sempre fomos, aqui e agora.

A maioria das pessoas costumam procurar por aquilo que eles querem acreditar - o que eles querem que a realidade seja em vez de deixar a realidade revelar-se como ela é. Eles procuram uma religião ou filosofia que reflete o que eles querem que seja a verdade em vez do que ela realmente é. Muitas vezes é o que atrai o ego, o pseudo-eu para que eles possam se sentir que são uma das elites espirituais. Aqueles que seguem suas regras religiosas, como "não faça isso" e "não coma aquilo" e então secretamente congratulam-se por sua espiritualidade estão tão longe de despertar como qualquer outro.

Nós pensamos que queremos a verdade, mas, em seguida, nós procuramos por ela só onde queremos que ela esteja. Isto é como a velha história do homem rastejando sob a luz da rua. Alguém se aproxima e pergunta o que ele está fazendo.

"Eu estou procurando a nota de vinte dólares que caiu," ele responde.

"Você perdeu aqui?" O transeunte pergunta, olhando ao redor.

"Não," o homem diz: "Eu o perdi lá em algum lugar," apontando para a rua escura.

"Então por que diabos você está procurando aqui?"

"Porque a luz é muito melhor aqui," ele responde.

Nós também podemos confundir sentimentos espirituais com espiritualidade, sentimentos místicos com misticismo e sentimentos santos com santidade. Não basta estar agindo espiritualmente para ser espiritual, atuando místicamente para ser místico, ou agir santo para ser santo.

O que-somos está de imediato disponíveis, bem como eternamente seguro e nunca pode ser afetado negativamente. O que-somos não sofre nenhuma dor ou tristeza. O que-somos só conhece o amor, a satisfação total e a realização. Encontrar e saber, por experiência o que-somos, é a busca mais importante que podemos cumprir. É a aventura suprema.

Entrando No Descanço

Depois de toda a nossa observação e atenção, e depois de ficarmos desiludidos, o que vamos fazer? Tudo o que temos que fazer - na verdade, tudo o que podemos fazer - é fazer com que a nossa vida seja vivida por que-somos realmente, como Terence Gray gentilmente nos diz. É assim que podemos viver plenamente, livremente e com alegria, saboreando o brilho de cada momento como o próprio milagre.

"O descanço que esperais já chegou, mas não o reconheceis."

–O Evangelho Segundo Thomé

Agora, faça a Meditação da Realidade #5 novamente.

EU SOU MEU CORPO?

Meditação da Realidade #6
O Experimento do Sonho

Sente-se ou deitar-se calmamente. Entre em sintonia com as imagens, sons, aromas e sensações sobre si. Agora tente se lembrar de um sonho recente que você teve.

Em primeiro lugar, observe como o sonho era pura percepção. Não havia nenhuma cena física real, apenas surgiram percepções espontaneamente. Reconheça que o que você sonhou e a cena sonhada foram interpretadas a partir da pura percepção. Em seguida, tente ver que sua cena atual e o eu se manifestam da mesma maneira.

Tente ver intuitivamente que tudo (incluindo pensamentos e emoções) são projetados sempre *aqui* - onde você acha que a sua cabeça está. É claro que na vida real, o sonho primário, é mais consistente e tem uma maior continuidade do que sonhos secundários, mas que ainda se manifestam da mesma maneira. Isso vai ser difícil de reconhecer em primeiro lugar, porque você estará indo contra as premissas e padrões de pensamentos condicionados de uma vida toda. Eles podem ser muito mais fortes e mais enganosos do que você suspeita, por isso esteja atento. A sua "pesquisa da realidade" anterior terá ajudado a prepará-lo para isso. Seu padrão de pensamento condicionado concluirá automaticamente algo como isto: "Não, isso é bobagem. Não poderia ser assim. Os sonhos são sonhos mas este mundo é muito real."

Na verdade, a maioria das pessoas já tiveram esses pensamentos enquanto sonhavam a noite e estavam convencidas que estavam acordadas. Se isso já lhe aconteceu, então você sabe que talvez isso não seja tão tolo assim. Isto é onde o Experimento da Mão e depois o Experimento do Copo e Luz vão ajuda-lo muito a se concentrar sobre a pura, vazia e silenciosa Fonte *aqui*, bem como as cenas "lá fora."

As coisas que você vêm estudando não são originais ou novas, mas têm sido repetidamente apontadas por muitos mestres, místicos e sábios ao longo da história. Uma vez que as falsas suposições e padrões de pensamento condicionados são quebradas isso será reconhecido que é, obviamente, do jeito que é. Então, haverá um maior respeito e admiração pela Fonte que está aqui e as impressionantes maravilhas que realiza.

Você vai perceber que esta é a única resposta possível para os grandes mistérios da criação. Você percebe como Deus tem estado "com você" o tempo todo? "Porque nele vivemos, e nos movemos, e existimos." (Paulo, Atos 17:28) Agora você pode entender o que isso realmente significa. Isto é muito mais íntimo e pessoal do que imaginar um Deus

todo-poderoso olhando para você a partir do céu.
Você tem estado em Deus e Ele estado em você e o
mundo inteiro está *nesta mesma consciência*. Ele,
você, e o mundo realmente ter sido um: a divisão foi
apenas em pensamento, os conceitos de coisas
objetivas. Veja como o mundo da mente-dividida se
dissolve.

1. Pergunte-se: Sem esta Fonte poderia ou iria
   qualquer "eu" ou cena aparecer?

2. Ao fazer esse experimento sempre tente ver e
   reconhecer que tudo é a pura, percepção
   verdadeira e não um percebedor e percebido.

3. Veja que todas as coisas e as pessoas são uma
   manifestação do que você também é e nem você
   nem eles têm qualquer carácter independente
   do seu próprio.

4. Veja que tudo aparece sem esforço, de forma
   espontânea, sem pensamento, a partir daqui,
   por aqui e sempre aqui.

5. Observe o todo, o que é, a unidade.

6. As coisas acontecem, tanto na vida real e nos
   sonhos, de forma inesperada e indesejável (pelo
   suposto eu), mas agora o mundo se torna não
   ameaçadora, porque o sentimento de alteridade

se dissolve e tudo é reconhecida e projetada a partir e por *aqui*. Assim como "outros" se dissolvem assim o "eu" tambem.

7. Tente reconhecer algumas das implicações dessa consciência. Veja como ele se relaciona com tais sentimentos e idéias como solidão, medo, dor, raiva, lutas, amizade, amor, prazer, alegria, descanso.

Agora e Sempre

A partir de agora, trabalhe com esse entendimento, até que cresça a partir de um pequeno vislumbre de vez em quando para uma consciência que preenche todo o seu dia, todos os dias, e até mesmo seus sonhos secundários à noite. Vai ser difícil no começo por causa de seus conceitos habituais e padrões de pensamentos condicionados. Espere e não desista. Sempre que essa percepção for lembrada, segure-a o quanto você puder. Ela vai crescer se você mantê-la. O entendimento pode até ser desinteressante no principio. Isso é para alguns. Isso só é assim porque as implicações incríveis ainda não são reconhecidas. Mas ela é a porta de entrada para um mundo sem paralelo ou descrição.

Lembre-se continuamente que: *Tudo* é a projeção da Luz Eterna *aqui*, onde a não-coisa é. Esta é a paz que ultrapassa todo o entendimento.

Eu Sou Meu Corpo?

> *"Eu... toco o céu com meu dedo."*
> –William Blake
> A Vida de Alexander Gilchrist

O corpo parece ser a origem aparente de todo o nosso sofrimento, mas isso não é sem importância ou ruim. É um milagre da vida e deve ser mantido em boas condições sempre que possível. É igualmente uma fonte de prazer, mas não se deve ser identificado como o que você é. Parece que a consciência é um produto do cérebro, mas não é uma coisa no organismo que o cérebro cria. É exatamente o oposto. É o cérebro e o corpo que aparecem na consciência, ao invés da consciência aparecer no cérebro. O corpo é a maneira da consciência se expressar no mundo. Se desejar, você pode visualizar o corpo e o cérebro como o modo que a consciência se manifesta no mundo. Para que alguma coisa apareça, deve haver uma perspectiva, um lugar no espaço para observar e interagir com o que está aparecendo. O corpo é esse ponto de vista; mas você não é ele.

O corpo é temporário; ele vem e vai. Tudo o que aparece vem e vai. O que você havia antes do corpo apareceu? O que você vai ser quando ele se for? A consciência não vêm e não vai, porque não está no tempo. O tempo é na consciência. O espaço é na consciência.

Não é você que está pensando. Os pensamentos não são seus. Você é o que percebe os pensamentos, assim como você é o que percebe a respiração e os batimentos cardíacos. A consciência é o que sabe que o pensamento e a respiração está acontecendo e é o que sabe que "eu sou" aqui e agora.

Podemos aprender muito sobre o corpo e o-que-somos estudando nossos sonhos. Não por interpretá-los, mas *estudando o mecanismo de projeção do sonho* e comparando os nossos resultados com o que chamamos de "vida real."

Nos sonhos, percepções sensoriais aparecem espontaneamente na consciência, é imediatamente interpretado automaticamente pelo aparelho psico-somática condicionado, o que é em si uma projeção da consciência. Este processo, usando o nosso modelo de mundo aprendido e o conceito de espaço-tempo como o mecanismo básico de manifestação, interpreta essas percepções como o mundo material temporal tridimensional que chamamos realidade. As percepções sensoriais são o que chamamos os cinco sentidos: visão, audição, paladar, olfato e tato.

Durante o nosso sonho, como na vida real, parece que vivemos em um mundo de objetos separados, fisicamente auto-existentes, ou coisas-em-si. As pessoas que encontramos em nosso sonho são indivíduos separados agindo por sua própria vontade, fazendo coisas inesperadas e às vezes indesejadas. No sonho, parece que estamos vivendo a nossa própria vida, fazendo nossas próprias decisões e agindo volitivamente. E os outros também estão vivendo suas próprias vidas agindo volitivamente.

Como na vida real, temos controle limitado no mundo dos sonhos. Trata-se do "eu" e "outros." Nós somos "eu" e todo o restante são "outro," distante e separado de si mesmo, seguindo seu próprio caminho.

Se tivermos sorte, teremos, em algum momento um sonho lúcido em que reconheceremos *que é* um sonho, enquanto ainda estamos sonhando. Se conseguirmos nos manter acordados no sonho, podemos permanecer nele e reconhecer que *todo o sonho somos nós mesmos*. Então, podemos fazer o que quisermos sem limitações. Poderemos voar, podemos ir instantaneamente em qualquer lugar que quiser, com qualquer pessoa que quisermos. Descobriremos que tanto nós mesmos e o mundo aparente "lá fora," bem como todas as aparentes ações independentes de outras pessoas foram, na verdade, todos feitas da mesma "coisas:" a consciência. Nem nós, nem qualquer outra coisa era, na verdade, um indivíduo volitivo, eu-existente separado ou coisa. Nossas percepções de sonho foram apenas interpretadas dessa forma porque esse é o nosso modelo de mundo. Isso aconteceu de forma automática e instantanea, sem a nossa intenção ou conhecimento.

Podemos ver que o corpo sonhado é um ponto de vista sensorial, onde o sonho é percebida. Mas você é realmente esse corpo? Você está mesmo naquele corpo? Ele está também sendo sonhado? Será que o seu mundo do sonho ocupa espaço no seu quarto? Nós sempre temos todo o espaço que precisamos em um sonho. De onde é que ele vem? Para onde ele vai quando despertamos?

Se as percepções que se tornam nossos sonhos são automaticamente, interpretadas como um mundo temporal tridimensional "lá fora" poderia também ser assim com a vida real, o sonho acordado? Os maiores e melhores Grandes Mestres têm repetidamente nos dito que este é o caso.

No nosso sonho, pensamos que estamos vivendo a nossa vida, fazendo nossas próprias escolhas e decidindo nossas próprias ações. E todo o resto do sonho também parece. No entanto, temos feito coisas estranhas que pareciam adequados em nossos sonhos e pensamos que nunca faríamos na realidade. Mas não podemos também, ocasionalmente ter feito coisas estranhas, não características na vida real também, mesmo quando pensávamos que sabíamos o que estávamos fazendo? Mais tarde, percebemos que era quase como se estivéssemos sonâmbulos, apenas reagindo automaticamente e não plenamente conscientes de nossas ações.

Quando nós acordamos de um sonho, percebemos que não estávamos realmente vivendo a nossa própria vida dentro do sonho. Até mesmo o nosso próprio eu e as suas ações foram "vividas," ou dirigida por algo diferente do sonhado "eu." Essa "outra coisa" também estava guiando todos e tudo o mais no sonho. Tudo foi criado da mesma substância, tanto o eu como o outro. Foi apenas percepções espontâneas automaticamente interpretadas como eu e o outro. E nós não éramos realmente quem ou o que estávamos sonhando ser.

"Deixe sua vida ser vivida por quem você é."

–Wei Wu Wei

Quem ou o que estava vivendo o nosso sonho então? Não podia ser nosso suposto eu, ele também estava durante nosso sonho, não é mesmo? Isso também poderia ser da mesma maneira com a vida real? Existe também "algo diferente de mim" guiando todos e tudo o mais?

Quando criança, nós provavelmente já montamos nos pequenos carros ou barcos no parque de diversões. Eles tinham pequenos volantes e nós realmente acreditávamos que estávamos dirigindo. Mas, na verdade, estavamos sendo guiados por uma pequena trilha que descia no meio da pista. Você ainda vai ver as crianças brigando por quem começa a dirigir primeiro. Assim, também, é a nossa vida sendo vivida por aquilo-que-somos. Isto não é fatalismo, porque nós não somos este corpo, nem esse eu que nós pensamos que está na direção. *Nós somos*, na verdade, "algo diferente de mim," que está "vivendo" tudo o que aparece, assim como é nos nossos sonhos. Nós apenas não o reconhecemos. Ainda estamos dormindo e não acordamos.

Douglas Harding certa vez observou e me disse: "Eu nunca sei o que eu vou fazer de um momento para o outro." É claro que ele estava apenas dizendo o que deveria ser óbvio para todos nós. No entanto, para muitos soaria estranho, porque eles pensam que estão no controle volitivo. Tal como o Inspetor Clouseau do filme A Pantera Cor de Rosa, muitas vezes disse: "Tudo o que faço é cuidadosamente planejado com antecedência!"

A única coisa que podemos saber com certeza sobre o que chamamos de nossa existência é que existe consciência aparecendo aqui e agora, e as percepções estão surgindo nesta consciência. Nada mais além disso jamais poderá realmente ser comprovado - nem o nosso eu individual, nem o mundo "lá fora." Mesmo a famosa frase de Descartes, "Penso, logo existo" pressupõe (erroneamente) que ele é um indivíduo separado e que é o pensador dos pensamentos. Na verdade, tudo o que podemos dizer é "Eu sou."

"Quando o sonhador acorda, ele é absolutamente inexistente."

–Wei Wu Wei

NÃO EXISTE UM "EU" EM ALGUM LUGAR?

Meditação da Realidade #7
O Grande Impostor

Encontre três ou quatro amigos e peça a eles para fazer esta experiência contigo. Você terá um momento interessante.

Façam um círculo.

1. Anuncie: "Há um impostor entre nós." Então leia os próximos passos para o grupo.

2. Você vê alguém no grupo que pode estar se passando por você?

3. E se alguém se parecia exatamente com você? Você saberia imediatamente que essa pessoa era um impostor?

4. Por quê?

5. Assim, a conclusão óbvia e que qualquer um pode ver, é que não poderia ser você, porque você é quem está *vendo* eles. Eles são os seus objetos. Você (sujeito) é quem está os vendo (objeto).

6. Agora, feche os olhos

7. Pense em si mesmo. Diga: "eu."

8. Poderia este "eu" que você está vendo no pensamento ser o que você é?

9. Você é o "eu" que você vê no pensamento ou você é aquilo *que está vendo* o pensamento?

10. Não deveria o mesmo ser verdade para o pensamento como para a visão?

11. Então, a conclusão é mais uma vez que qualquer um pode ver, mesmo em pensamento, não poderia ser você, porque você é o que está *vendo*. "Eu" é o seu objeto. Você (sujeito) é quem está vendo o "eu" (como objeto).

12. Quem é o impostor?

13. Por que, então você viveu sendo este impostor "eu" todos esses anos?

14. Poderia quem está vendo o "eu" ser visto no pensamento? Claro que não. Qualquer o eu visto no pensamento seria o seu objeto, basta um pensamento observado ou conceito, portanto, não o que você é como sujeito (o que está observando).

A forma condicionado como aprendemos a pensar em nós mesmos (como um objeto) pode nos levar a supor que este são simples picuinhas, apenas enganos. Pelo contrário, revela uma falha fundamental na lógica a respeito de nossa identidade, que é responsável por toda a nossa miséria. De fato, é responsável por todo o sofrimento no mundo, e está nos impedindo de uma nova vida para além das nossas maiores imaginações.

Um Pensamento Não Pode Pensar

O grande Mestre Zen, Hsi Yün (Huang Po) disse: "A percepção não pode perceber.," que também significa que um pensamento não pode pensar. Ele estava se referindo ao fato de que o pensamento-do-eu, o objetivado, o conceitual "eu" que percebemos no pensamento e identificamos como o nosso self não poderia ser quem está pensando porque ele é apenas um pensamento, a percepção de si.

Pode ser um pouco perturbador no início perceber que *qualquer* eu que nós pensamos, não poderia ser o que somos, porque nós sentimos fortemente que devemos ser capazes de nos definir de alguma forma. Vejamos o que acontece quando nos identificamos com este "eu" que definimos em nossas mentes.

Como observamos no experimento, o "eu" visto (e sentido) no pensamento era o nosso objeto. Nós definimos nosso eu como isso. No entanto, encontramos não o que eramos, mas o que estava observando esse eu. No entanto, nós nos tornamos identificados com esse eu observado e o consideramos como nós. Este conceito - "eu" - então, é um eu *objetivado*. Quando consideramos o nosso eu como um objeto, seja ele um objeto puramente mental ou um objeto físico, como o nosso corpo, nós aceitamos todas as implicações e consequências de ser um objeto.

As Implicações

Vamos fazer uma pausa por um momento para examinar as implicações de se identificar com esse objeto ilusório, o conceito-eu. Um eu objetivo necessariamente é sujeito ao espaço e ao tempo, como são todos os objetos.

Por que nos sentimos sós

Espacialmente o "eu" é separado e à parte de tudo o mais, assim o conceito-eu só pode aparecer como uma entidade isolada separada e à parte de todos outros.

Por que nós tememos a morte

Temporalmente, todos os objetos materiais, incluindo entidades objetivas são transitórios e temporários. O eu objetivo, portanto, deve ir e vir. Nós o chamamos de nascimento e morte.

Porque nós somos controlados por desejos e medos

Todos os objetos estão sujeitos às leis de causa e efeito e, portanto, são afetados por tudo o que acontece. Sendo apenas uma imagem objetivada na mente de um conceito-eu, se torna uma coisa precária, afetada por cada pensamento e por todas as circunstâncias. Tudo é interpretado sabendo se isso significa bom ou ruim para este eu.

Por que nos tornamos egocentricos

Todos os pensamentos são condicionados pelo conceito-eu. Todas as emoções, interesses e ações são em relação ao que cria bem ou mal para o eu imaginário. Nosso eu-conceitual é instável e muda a cada momento, afetado pelas circunstâncias, a percepção dos outros sobre nós, nossas emoções inconstantes, e assim por diante.

Volição

O eu-conceitual dá origem ao conceito de vontade. A volição (voltade), que nós encontraremos, é uma ilusão nascida de uma ilusão. Como a lei de causa e efeito trabalham nos processos de pensamento, o eu-conceitual (a primeira ilusão) interfere e altera a interpretação do mundo. Isso faz com que tudo deva ser interpretado em relação ao eu-conceitual. Assim, preso pela causa e efeito, como todos os objetos devem ser, significa que uma entidade objetiva não poderia ter o livre arbítrio.

Por que temos problemas com autodominio

Um dos efeitos dessa grande ilusão está como os pensamentos, emoções e ações são interpretados como o início e pertencente ao eu-conceitual e, portanto, controlado por ele (a segunda ilusão). Pensamentos e ações são interpretados como algo "feito" pelo conceito de um "eu." No entanto, sendo apenas um conceito em si e não a verdade, o eu-conceitual não tem capacidade de querer ou praticar qualquer ato por si só.

Pensamentos e ações egocêntricas, são o efeito inevitável de uma causa, o eu-conceitual.

Não Há Um "Eu" Em Algum Lugar?

"Por que você está infeliz?
Porque 99,9% de tudo o que você pensa,
E tudo que você faz
É para si mesmo -
E não há ninguem."
— Wei Wu Wei

Por causa da ilusão original do mundo sendo povoado por coisas pré-existentes em si e separadas, assumiu-se que tudo o que acontece deve estar sendo feito por uma pessoa ou uma coisa. Chamamos isso de "causa e efeito." Portanto, assumimos o pensamento sendo feito por alguém ou alguma coisa, então assumimos que é feito por "mim."

Nós sempre sentimos o "eu" aqui, neste corpo. Mas onde ele está? Podemos mesmo encontrar esse "eu" que nao seja um vago sentimento ou uma imaginação dele? Mais uma vez, temos de realmente olhar e descobrir por experiência própria que ele não existe. Você pode encontrar qualquer "eu" fazendo o pensamento, ou apenas o processo de pensamento? (Em que o "eu" é apenas um daqueles pensamentos.) Temos sido identificados com o nosso processo de pensamento e com um conceito morto: o "eu." Quando pudermos encontrar o conceito "eu," então poderemos começar a perceber que temos sido enganados para fora de nossa verdadeira identidade, o nosso verdadeiro ser e para fora da própria vida.

No entanto, o que a princípio pode parecer ser uma perda de tudo, inclusive de nós mesmos, acaba por ser a realização de tudo. Como o que-nós-somos, a Consciência, a Fonte não manifestada, somos a não-coisa; como fenomeno manifesto somos tudo - todo o universo.

A única coisa que está obscurecendo isso é a ilusão de que somos um ser individual preso em um corpo que vive em uma enorme bola de sujeira girando cegamente através de um infinito, num universo desconhecido e indiferente.

Nós nascemos vivos e soltos

Somos livres "como um todo"

Sendo ninguém e sendo tudo

Então nós somos ensinados que somos um eu

A ilusão do eu gera vontade

A vontade gera esforço

O esforço gera responsabilidade

A responsabilidade gera fardo

O fardo gera escravidão

A escravidão gera culpa

A culpa gera morte

Mas não tem que ser dessa maneira

Podemos ressuscitar dos mortos

Embora tenhamos a perder a nossa vida

(O que nós pensamos que somos) Para encontrá-la (como o que-nós-somos).

Agora, faça a Meditação da Realidade #7 novamente.

EU SOU MINHA MENTE?

Meditação da Realidade #8
Livre Como Um Passaro

1. Sente-se calmamente e simplesmente observe os seus pensamentos e como eles aparecem. Seja objetivo e não seja levado por eles e esqueça o que você está fazendo. Tente perceber *como* eles aparecem, e *de onde* aparecem.

2. Você vai notar que eles aparecem *antes* mesmo que você decida pensar neles. Sua única "decisão" poderá ser repeti-los sub-vocalmente, e até mesmo essa decisão surge espontaneamente. Só parece que você decidiu pensar aquele pensamento, porque você acha que o pensamento é seu. Experimentos científicos têm demonstrado que esta ação é frequentemente iniciada *antes* que a pessoa tenha plena consciência de ter decidido agir.

3. Agora compare estas observações "internas" com o exemplo de assistir uma ave que voa pelo céu. Você a comprou para aparecer? Você reivindica a

posse do pássaro como seu porque apareceu? Não, você só percebeu o passaro e permitiu-lhe voar.

4. Então, se os seus pensamentos aparecem espontaneamente, por que você reivindica a posse ou controle deles?

5. Você tenta parar o vôo do pássaro porque não quer que ele exista? Não, porque ele é apenas parte do cenário, e por não sentir qualquer sentimento de posse que você se desinteressa dele. O pássaro é simplesmente uma visão entre muitos.

6. Você consegue ver como os padrões habituais de pensamentos formam em torno do eu-ilusório são desencadeadas por associação?

7. Se você reconhecer que os pensamentos não pertencem ao eu ilusório, ou qualquer eu, mas são simplesmente parte de uma cadeia de causa e efeito (como era o pássaro), isso não iria retirar o poder dos pensamentos negativos? Você não tem que parar os pensamentos: apenas permanecendo separado, ele perde seu controle. Eles são apenas parte do cenário.

Eu Sou Minha Mente?

"Por longos anos, era um pássaro na gaiola,
hoje, voando junto as nuvens.."
— Zenrin Kushu

Onde a nossa mente vem se encaixam nesse novo modelo de realidade? Foi-nos dito, e acreditamos, que temos uma mente que usamos para pensar. Precisamos mais uma vez olhar para nós mesmos. Será que podemos realmente encontrar uma mente em algum lugar aqui? Podemos até encontrar a idéia de "mente," mas não qualquer coisa ou objeto que seja uma mente. Existe algum campo misterioso que paira como um fantasma em torno de nossa cabeça? O que nós encontramos, no entanto, é simplesmente *pensamentos*, que inclui lembranças.

Outra observação nos mostra que o verbo da ação chamada *o processo de pensamento* tem sido conceituada como um substantivo, e pensa-se em uma coisa, um objeto chamado "mente." Mas, na verdade, nós não temos nenhuma mente: é o processo de pensamento que está acontecendo. É como perguntar: "O que acontece com o meu punho quando abro minha mão?" Ou "Onde é que meu colo foi quando eu me levanto?" "Punho" e "colo" são exemplos de uma ação a ser tomada para uma coisa - um verbo tornando-se um substantivo. (Embora um soco no nariz ainda doa bastante!)

Devido a este hábito de objetivação, acreditamos que "alguma coisa" ou "alguém" deva estar sempre fazendo tudo o que está acontecendo. Por exemplo, dizemos: "O vento está soprando." Mas, o que é o vento se não o seu proprio sopro? O que, então é a mente se não os pensamentos? Podemos dizer que o cérebro está pensando, o que seria correto. Mas não se esqueça que o cérebro é um órgão do corpo e o corpo se manifesta através do sonho da vida. Acredita-se que a consciência aparece no cérebro, mas, quando você observa a realidade, é o cérebro que aparece na consciência.

Você é o que está consciente do sonho. Você é o sonhar, não o sonhador. Você é o que sabe que está sendo sonhado e é esse saber que faz o que está aparecendo, real. Você é *o que está acontecendo*. Ele não está acontecendo *para* você, ela está acontecendo *em* você, através dos conceitos básicos de espaço-tempo. Eles são conceitos interdependentes como sujeito-objeto - o tempo é o aspecto subjetivo, e o espaço é o aspecto objetivo. É por isso que é mais fácil de entender o que o espaço é, mas não é fácil de entender o que é o tempo. O tempo, como o aspecto subjetivo é a observação, partir de onde você está *olhando*, portanto, não observável. O tempo, como duração, é o aspecto invisível da manifestação fenomênica. Precisamos dos três extensões espaciais, altura, largura e profundidade e a extensão temporal, duração, para a manifestação da fenomenalidade. O aspecto espacial é o que você está olhando, portanto, o observado.

Sempre que a palavra "mente" é usada neste livro, refere-se ao *processo* pelo qual o pensamento acontece automaticamente. "Quem" está lá para usá-lo? Existe alguém controlando o pensamento como um homem dirigindo um carro ou andando com uma mula teimosa? Quando nos identificamos com ele, parece que pegamos um outro caminho. Ele arrasta-nos em qualquer lugar que quiser. Ao invés de nos servir, nós somos inconscientemente escravisados.

Ao ver que a mente não é você ou sua e que seus pensamentos não são os vossos pensamentos, o poder de identificação e da crença, é removido os pensamentos de medo e emoções negativas e podem ser mais facilmente ignorados. Eles não tem que ser negados ou suprimidos, o que só lhes daria mais poder. Basta reconhecer que eles não pertencem a você e você permanecerá intocado e desvinculado.

As emoções não são o que você é ou suas, mas tambem não são ruins. Na verdade, até mesmo alguns das "desagradáveis" emoções humanas ainda vão existir, (raiva, tristeza, etc), mas agora eles drenam a energia negativa e um nível novo, mais profundo, o emocional é reconhecido que a sustenta, eleva e lhe dá poderes conforme a necessidade. Você pode realmente sentir as emoções mais plenamente quando elas não têm controle sobre você.

O roubo da identificação, atenção e crença, pensamentos e emoções negativas perdem o seu poder e enfraquecem. E a mente é apenas uma fonte de informação e conhecimento conceitual. Algumas delas são boas informações, algumas não são. Se houvesse tal coisa como uma "Loja da Mente," um arquivo de informações, como uma loja de departamento, você não iria presumir que tudo nele era seu e que você tinha que usar tudo. Você só iria "comprar" o que era útil e ignorar o resto, embora muitos itens inúteis estão sendo promovidos e anunciados para fazer você querer-los e fazê-lo pensar que você precisar deles.

É o medo e a preocupação com o eu imaginário que nos mantém envolvidos com a mente. Isso também é o que a mantém agitada e ativa. Pode parecer inacreditável agora, mas você realmente não precisa dela para viver a sua vida corretamente. O seu Verdadeiro Ser sempre sabe o que fazer e vai agir espontaneamente de forma adequada de acordo com as necessidades do momento, em silêncio, e sem atividade mental ou deliberação. Verdadeiramente "perder a cabeça" é uma coisa boa: isso acontece quando você vê que você nunca teve uma.

Você não tem "problemas" (seja ele qual for) ou qualquer medo. Você nunca teve. Não há ninguém para tê-lo. É um problema da mente por causa da maneira que fabrica conceitos. A mente inventou um conceito de si mesmo como "eu," e de alguma forma é capaz de criar este pseudo-eu que tem controle voluntário sobre ele. Que grande colocação! E funciona, contanto que não seja examinado muito de perto e tente verifica-lo. Esse falso "eu," que é plantado no processo de pensamento, nos impede de fazer isso, mantendo a agitação, o medo e a confusão quando começamos a bisbilhotar demais. Mas se nós simplesmente percebermos que o "eu" que percebemos *não poderia*, ao mesmo tempo, ser o que está percebendo, estamos nitidamente fora do carrocel.

Nós não somos a mente. A mente não é "nossa." Ela funciona à sua própria maneira, de forma automática, e com isso vamos ficando mais calmos e relaxados com esta nova realidade a medida que ela vai surgindo.

Agora, faça a Meditação da Realidade #8, mais uma vez.

A ORIGEM DE
TODAS AS COISAS

Meditação da Realidade #9
O Experimento do Copo e a Luz

Faça esta experiência à noite ou em uma sala escura. Use uma mesa e uma lanterna com as luzes do quarto apagadas. Corte a parte inferior de um pequeno saco de papel e tenha-o à mão. Leia a atribuição de uma vez e, em seguida, faça-o. Se você lê-la e não fazê-lo é como comer o menu em vez da refeição. A compreensão intelectual está longe de ser tão importante quanto o experimental, o insight intuitivo.

1. Coloque um copo comum sobre a mesa e sente-se na frente dele.

2. Apenas olhe para o copo por um momento. Observe sua forma, cor, tamanho, textura e distância de você.

3. Normalmente você diz que está vendo um copo, mas vamos ver se isso é verdade. Desligue a luz. Agora, você pode ver o copo?

4. Sem a luz, poderia aparecer um copo?

5. O que foi na verdade removido, o copo ou a luz?

6. Se apenas a luz foi removida e o copo não apareceu, o que você realmente viu? Uma xícara, ou a luz aparecendo como uma xícara?

7. Agora, acenda a luz. O que você percebeu? Um copo e uma mesa ou luz aparecem como um copo e uma mesa? Mesmo que você saiba intelectualmente que você só está vendo as ondas de luz que aparecem como um copo, sua maneira de pensar condicionada provavelmente ainda insiste em rotular essa luz como coisas diferentes, uma xícara, uma mesa, etc. Isto é assim porque a mente está condicionada a concentrar-se habitualmente em *formas* e não na *luz*.

8. Em seguida, vamos notar um outro tipo de luz: a "Luz" da Consciência onde existe a consciência e até mesmo a luz física e as formas que ela assume. Usando o saco de papel, aberto em cada extremidade, olhe através dele em direção ao copo. Observe o copo que aparece do outro lado.

9. Observe a ausência de qualquer tipo de aparição aqui no final do saco mais próxima de você. Esta é a pura consciência ou a "Luz da Consciência." Sem a "Luz" no final, perto do saco poderia um copo aparecer na outra extremidade? Compare essa experiência com os passos 6 e 7.

10. *O que você está realmente vendo*? Um copo físico, uma luz fenomenal ou a "Luz" (Consciência) aparecendo como um copo?

> *"A essencia do princípio metafísico é que tudo, que seja perceptível somos nós mesmos e nunca alguma coisa que tenha qualquer natureza independente."*
>
> – Wei Wu Wei

A Origem de Todas as Coisas

"Desde o princípio nada é."
–Hsi Yün (Huang Po)
Ninth Century Ch'an Master

"Uma partícula elementar não tem uma existência independente, ou uma entidade não-analisável. É, essencialmente, um conjunto de relações que atingem externamente outras coisas."
–H. P. Stapp
20th Century physicist

"As coisas derivam seu ser e natureza por dependência mútua e não tem existencia em si mesmas."
–Nargarjuna
Second Century Ch'an Master

"A matéria é derivada da consciência, e não a consciência da matéria."
–Sir James Jeans
Noted British Scientist

"...coisas que são vistas não foram feitas por coisas que aparecem."
–Bíblia Sagrada
Hebrews 11:3

De Onde Veio Tudo?

Por causa do nosso modelo de mundo condicionado, as percepções sensoriais originais do ver, ouvir, saborear, tocar e cheirar são conceituados pela mente-dividida e interpretada (objetivada) como vidente e visto, ouvinte e o que é ouvido, etc. Assim, o mundo aparece como muitas coisas pré-existentes separadas, e nós mesmos parecemos ser um indivíduo, uma entidade objetiva.

Este é o local onde todos os nossos problemas e sofrimentos se originam. Apenas uma entidade objetiva pode sofrer. Uma entidade objetiva está ligada pela cadeia de causalidade, como todos os objetos devem ser. Apenas uma entidade objetiva pode sofrer o ganho e a perda. Podemos dizer também que uma entidade objetiva *deve* sofrer o ganho e a perda já que presupoem o conceito insuportável e a carga da vontade.

A nossa suposição da vontade está em contradição gritante com a nossa suposição de ser uma entidade objetiva que está, por definição, vinculada pela causa e efeito. Nós não podemos ser as duas coisas, mas parece que não notamos esta enorme contradição. A escolha acontece, mas não há ninguem escolhendo.

Nossa única experiência direta, subjetivamente verificável é a sensação de "eu sou," que chamamos de consciência, e o processo de perceber o que acontece dentro da consciência. As idéias de um mundo interno (mental) e exterior (físico) são mutuamente excluentes, conceitos interdependentes, uma característica do nosso modelo de mundo aprendido.

Como poderia dois conceitos diferentes de "interno" e "externo" ser tanto excluentes e interdependentes? Para o "interno" existir, significa que deve haver um "externo" para compará-lo e dar-lhe sentido. Portanto, o seu significado exclui o "externo," mas, ao mesmo tempo o "interno" é dependente do "externo" para lhe dar o significado conceitual como o seu oposto. E o mesmo é verdade para o conceito de "externo." O princípio da comparação dos opostos funciona durante toda a conceitualização do mundo dos fenômenos. Está no coração do ato de conceitualisar e é realmente o significado mais profundo do símbolo oriental yin-yang. É o que em última análise, "cria" a ilusão de um mundo composto de muitas coisas-em-si separadas em vez de um fluxo de percepções das matérias na consciência. Compreender isso profundamente e intuitivamente é um grande avanço. Continue a refletir sobre isso, se ainda não está claro. O seu significado e o seu efeito é muito mais profundo do que apenas a nível intelectual.

O processo básico do pensamento funciona comparando as percepções e interpretá-os através de conceitos que são símbolos mentais artificiais generalizadas aos anteriores, padrões semelhantes as percepções sensoriais.

Tomemos, como exemplo, uma cadeira. Há milhões de tipos diferentes de cadeiras de todas as formas, tamanhos e cores. No entanto, nós geralmente conhecemos uma cadeira quando vemos uma. Isto porque certas percepções que compõem a experiência sensorial da uma cadeira tem semelhanças gerais, tais como forma, tamanho e funcionalidade.

Imagens dessas percepções estão sendo armazenadas na memória sob um rótulo de "cadeira." Percepções semelhantes são sempre encontradas, o rótulo (conceito) "cadeira" é usado para representar o fluxo de todos os objetos de percepção sensorial materiais, uma vez que foram realmente experimentados (ver, ouvir, tocar, e cheirar). Quando nós pensamos ou falamos de uma cadeira estamos usando esses símbolos-conceituais.

Mas uma cadeira *não* é o objeto "cadeira," nem é o conceito "cadeira," nem é a palavra "cadeira," nem é o som "cadeira." É a ativa percepção *presente* da experiência sensorial subjetiva, se ele está sentado nela ou saindo fora dela ou apenas a percebendo. Não há uma coisa real chamada "cadeira." Cadeira é apenas o conceito, a palavra, o símbolo que pode *representar* a percepção particular. A realidade é unicamente o aqui-e-agora, a experiência perceptiva.

O conceito-símbolico é conveniente, mas tem um preço. Por "congelar" a percepção ativa em conceitos-símbolicos de representação que temos, vem confundir o símbolo morto com a realidade viva. Interpretamos o ativo, o fluxo vivo da presente percepção em um conceito-símbolico morto e vazio. Em outras palavras, o tornando uma coisa.

Você pode descrever uma xícara de café quente, ou mesmo medir a temperatura, mas você tem que experimentar diretamente o "quente" para saber o que é quente. "Quente" não é uma coisa, mas uma sensação subjetiva *conhecida apenas na consciência.* Assim, quente não é quente, embora chamamos de quente. Ou, dito de uma outra forma, quente (o conceito) não é quente (a experiência real), portanto, podemos chamá-lo (comunicá-lo) "quente" (a palavra que representa o conceito que representa a verdadeira experiência sensorial). É tão simples, mas tão difícil de comunicar.

Estes conceitos-símbolicos são uma forma de armazenar e representar a experiência real de diferentes grupos e tipos de percepções subjetivas. Assim, podemos comunicar essas experiências para os outros. Ao usar esses conceitos-símbolicos, as percepções podem ser mais faceis em comparação com experiências passadas. Mas ao fazer isso, já demos um passo para longe da realidade. Mais uma vez, tomamos o menu pela refeição.

A segunda-geração de conceitos são então gerados pela criação de conceitos opostos da primeira-geração. Estes são conceitos como quente e frio, para cima e para baixo, longe e perto, amor e ódio, algo e nada, eu e o outro. Como acabamos de ver, os opostos obtem o seu significado por comparação com o outro. Eles são mutuamente dependentes uns dos outros, mas eles obtem o seu significado através da exclusão do outro. É como na mítica ilha do autor Lewis Carroll, cujos habitantes ganhavam a vida precária, tendo que lavar uns aos outros. (As Aventuras de Alice no País das Maravilhas).

Mas agora estamos a dois passos da realidade.

Nós somos um "eu" e o resto do mundo é o "outro." Caímos na ilusão de um mundo de coisas-próprias separadas e pré-existentes. Você pode pensar nisso como cair em uma dimensão menor do ser - uma dimensão fantasmagórica que consiste inteiramente de idéias existentes apenas na imaginação.

Não é irônico que aquilo que pensavamos ser a realidade sólida e física é realmente imaginária e o que é invisível e desconhecido e não sentido é a realidade sólida? No entanto, mais tarde veremos absolutamente documentado a prova experimental que a física quântica corrobora esta afirmação.

A pior parte é que nós também *nos identificamos* como um pseudo-eu individual, uma coisa, uma entidade objetiva separada, se movendo através do tempo e do espaço objetivo. Nos tornamos, uma pequena, impermanente, frágil, coisa separada, sozinhos e desamparados em um inimaginável, impessoal, pré-existente universo de outras coisas.

Sendo uma coisa, agora aceitamos a ilusão da vontade, porque o *processo de pensamento*, foi estruturado em torno do conceito de eu, agora pressupõe que o "eu," usando "minha mente," é o que decide e age. O sentimento e a sensação de ser o "fazedor" e o ator, aparece e cresce por causa do conceito de si mesmo como um corpo-mente.

Como a Vida Despreocupada que Tínhamos Quando Criança Tornou-se Um Grande Fardo

O conceito de identidade como sendo um corpo-mente e fazedor individual é o que muda a forma como os processos de pensamentos anteriormente livres, sem esforço e espontâneas trabalham. Os processos do pensamento devem agora fazer muitas "voltas" extras ou deliberações para o processo original, porque o efeito sobre a auto-conceitual (bem ou mal), de tudo o que acontece, agora deve ser considerada. Assim nasceu o "conhecimento do bem e do mal." Para os conceitos interdependentes "bem" e "mal" só podem ter um significado em relação a seres individuais e outras "coisas" separadas.

Estes pensamentos suplementares, os pensamentos que retonam e proliferam como o desejo e o medo começam a se acumular em torno do conceito-eu. Contradições e frustrações também começam a se acumular por causa do conceito-eu, a "auto-imagem" que muitas vezes entra em conflito com as suas reais necessidades e desejos secretos.

Não só o corpo precisa, naturalmente, de ser protegido contra danos físicos, mas agora o conceito (ilusão) de "eu" também deve ser protegido. Momento a momento, calcula-se como ganhar ou perder de acordo com as circunstâncias, percepções dos outros sobre ele e suas "próprias" ações.

A uma vez eramos livres, sem esforço e de ação espontânea como uma criança, mas agora está tudo paralisado por camadas e camadas de considerações que envolvem o conceito-símbolico sempre vulnerável de si mesmo, erroneamente acreditado sendo o "eu" verdadeiro. Viver se tornou assim o fardo e um grande esforço.

Esta é a raiz de todas as doenças mentais inorgânicas, todos os conflitos, os crimes e a violência.

Agora, repita a Meditação da Realidade #9.

QUEM É O VERDADEIRO "EU?"

Meditação da Realidade #10

O Ser

Primeiro faça as meditações do "Agora" e da "Mão" dos capítulos anteriores, e depois compare as colunas abaixo identificadas como "conceito-eu" e "o-que-você-é."

Você consegue pensar em mais algumas comparações?

Se você puder pensar em alguns, escreva-os abaixo para se lembrar mais tarde.

CONCEITO-EU: (Pode um pensamento pensar?)

Rotulado

Aparecendo

Mudando

Coisa

Limitado

Morrendo

Etc.

O-QUE-VOCÊ-É:

Nenhum rotulo possivel

Não aparece

Nenhuma mudança

Nenhuma coisa

Ilimitado

Vivendo

etc.

O que aparece é criado pelo e por causa do que não aparece.

É o hábito de pensar em si mesmo como sendo o rótulo de um "eu" e do corpo que causou todos os seus problemas. Você não é quem você *pensa* que é, mas a pura, clara, a Consciência de si mesma.

Quem É O Verdadeiro "Eu?"

"Eu Sou, mas não existe nenhum eu."
– Wei Wu Wei

Consciência é o verdadeiro "Eu."

Mas o que queremos dizer com o termo "consciência?" A consciência não deve ser um substantivo, mas um verbo. No entanto, consciência não é uma palavra. A palavra consciência é muitas vezes erroneamente usada para significar o seu conteúdo, ou que somos conscientes *de* algo, e não o que a consciência realmente é.

Aqui, neste livro, ele é usado para significar a sensação pura, nua de "estar," ser ou presença. Consciência pura, se você quiser. A consciência não é alguma coisa em si mesma, mas é "isto" em que tudo aparece e tem existência. É o que *sabe* o que está aparecendo. É o que *sabe* neste momento. Este é o alicerce sobre o qual a não-manifesta Fonte, o Absoluto, começa as manifestações dos fenômenos, estendendo em si mesmo o tempo e o espaço.

Dentro da consciência - este minúsculo ponto infinitesimal de consciência, este no sentido de "eu sou" - aparece todo o universo. De dentro da consciência, percepções aparecem espontaneamente que é, em última análise conhecido como "viver no mundo." Esta é a iluminação da consciência.

A consciência é o que *sabe* que eu sei e sabe o que está sendo pensado, mas nunca pensa em si mesmo. Isto é o que conhece cada experiência, mas não é o experimentador. Isto é o que sabe tudo o que aparece, mas nunca aparece. A consciência é a "nascente" de tudo o que aparece - a nascente de ambos "algo" e "nada," não sendo nenhum. É a base do ser, em que alguma coisa e nada aparecem e são conhecidos.

Este "EU" é o que nós somos.

Agora, faça novamente a Meditação da Realidade #10.

O SEGREDO DA
VIDA NÃO-VOLITIVA

Meditação da Realidade #11

Você É Pura Consciencia

Que é isso que sabe neste momento?

Que é isso que é consciente de seus
pensamentos e sentimentos?

Aquilo é "isso."

Que é isso que *sabe* que você é?

Que é isso que *sabe* "eu sou?"

Aquilo é "isso."

A descrição acima é apenas um pouco do quebra-cabeças
para confundir o modo linear, o processo de
pensamento dualista e apontam para a não-linear, a
não-dualidade.

É "isso" o que-nós-somos, nada mais. Tudo o
que aparece é apenas percepções espontaneamente
e magicamente decorrentes desta consciência pura.
Remova o que aparece na consciência e você terá a
sensação nua, implicito de ser, de "eu sou." Não

como alguém ou alguma coisa, e nem um "eu," apenas ser (sendo). Isto é o que-você-é.

Se você pudesse desligar tudo o que aparece na consciência e apenas ter a própria consciência, não haveria mundo, nem corpo, nem pensamentos ou sentimentos, nenhum eu, nenhum "mim." Apenas o sentido nu de ser. Isto é o que você é.

Então, como podemos reconhecer que estamos neste puro "ser-estar?"

Sente-se calmamente e focalize esta consciência pura, este sentido nu, silencioso de ser. Ignore todos os pensamentos que surgem. Isto traz a "mente" linear e não-linear ou processos mentais em equilíbrio e harmonia. Ele permite que a não-linear compreensão intuitiva do inconsciente vá para a superfície.

Pode parecer que há múltiplas consciências, um em cada corpo, mas isso não é assim. Existe apenas uma consciência. Esta Consciência Una é o sentimento de "eu sou." Este é o primeiro e único sentido de "eu sou" que *todos nós* conhecemos como "EU." Há muitas mentes, muitos corpos e muitos mundos que aparecem nesta Consciência Una. Estas mentes se identificam com o corpo que aparece com ela na consciência e entende que este seja um indivíduo "eu" vivendo sua própria vida em um mundo que é separado de "si mesmo." Nada poderia estar mais longe da verdade.

Quando esta identificação com o eu individual se dissolve, isso é "libertação." No entanto, "ninguem" foi realmente liberado. Em outras palavras, quando o hábito mental de identificar-se como um indivíduo, entidade volitiva se quebra, a mente fica livre e cessa a sua actividade frenética.

O conceito de ego não tem de ser destruído - não é nem bom nem mau em si mesmo. Ele ainda tem sua utilidade. Mas o processo de pensamento em si já não detém qualquer poder de fixação, não está associado com o que-você-é. Ele não precisa mais calcular constantemente se o que está acontecendo é bom ou ruim para o ego. Todos os sentimentos de esforço, o medo ea necessidade já não despertou são, e em sua maior parte, o processo de pensamento tem pouco a fazer.

Imagine como seria. Claro, sem esforço, sendo, totalmente um com o momento. Tudo está como deveria ser. Isto é o que tem sido chamado pelos antigos mestres de "o-que-é" ou "tal-como-ela-é."

Pode levar um longo tempo para realmente perceber que *tudo* o que aparece de alguma forma não é você ou seu, assim como a mente, o corpo, a vontade, emoções, conhecimentos, talentos, posses e assim por diante. Você inconscientemente, por força do hábito, vai aceitar o pensamento como *seus* pensamentos, como algo que *você* está fazendo. Agora você pode perceber que não é assim? Você vai inconscientemente, por força do hábito aceitar sentimentos e emoções como sendo *seus* sentimentos e emoções. Eles não são. Você vai inconscientemente, por força do hábito aceitar o seu conhecimento como sendo o seu. O que não é. Você é o que está ciente dos pensamentos, sentimentos, emoções, conhecimento. Você é o que sabe o que está aparecendo "aqui."

Na verdade, não é você quem está aceitando essas coisas como suas. Não há "você," por isso "ele" não pode fazer nada - certo ou errado. O que-você-é não está fazendo nada. É apenas o processo de pensamento que ficou enroscado em um circuito estranho por causa de um pouco de programação defeituosa: identificação desse mesmo processo com o seu próprio invento de conceito-ego. Isso é tudo. Nunca afetou nenhum "você." Isso certamente não tem nada a ver, nem pode afetar de forma alguma, o-que-você-é.

O que você realmente é, não pensa, sente ou sabe. "Isso" não precisa, apenas é. "Ele" não é nem uma coisa nem outra coisa, mas aquilo em que ambos aparecem. Não é nem mesmo um "isso," mas é o ser (fonte) de tudo.

O Segredo Da Vida Não-Volitiva

A descoberta mais importante que você pode fazer.

"Os gansos selvagens não pretendem emitir seus reflexos
A água não tem uma mente para perceber a sua imagem."

—Zenrin Kushu

Tente se lembrar, se você puder, como costumava ser quando você era muito jovem. O conceito-ego ainda não tinha tomado totalmente a liberdade e a alegria de apenas ser; você vivia no presente, sem esforço e de forma espontânea. Cada dia era ansiosamente enfrentado, não com tristeza ou como algo a ser suportado, mas como uma alegre aventura.

Esta Nova realidade nós estamos investigando é realmente que a realidade inicial que nascemos, sem conceitos, tais como "eu" e "outro." Nós não localizar nosso eu em qualquer lugar ou alguém. Mas este foi gradualmente esquecido quanto nós crescemos. Infelizmente, nós realmente não crescem, nós crescemos para baixo - para baixo em uma dimensão inferior de sombras e ilusão em vez de substância, para dentro do calabouço da individualidade. De vez em quando nós quase esquecido esta liberdade com profunda nostalgia, querendo saber o que aconteceu a essa especialidade, que alegria sem esforço e admira aberto que conhecemos há muito tempo. Para onde ele foi? Quanto mais tentamos ser feliz, o mais evasivo que é.

Esta Nova Realidade que nós estamos investigando realmente é aquela realidade *original* quando nascemos, sem conceitos, tais como "eu" e o "outro." Nós não localizamos um eu em qualquer lugar ou como sendo alguém. Mas isso foi gradualmente esquecido a medida que nós crescemos. Infelizmente, nós realmente não crescemos, nós fomos para baixo - para baixo em uma dimensão inferior de sombras e ilusão, para dentro do calabouço da individualidade. De vez em quando nós quase lembramos esta liberdade com profunda nostalgia, querendo saber o que aconteceu a essa alegria especial sem esforço e aberto que conhecemos há muito tempo. Para onde tudo isso foi? Quanto mais tentamos ser felizes mais nos distanciamos disso.

Na verdade, a boa notícia é que ele *ainda* está aqui. Esse viver sem esforço nunca ia a parte alguma. Ele ainda está aqui e sempre esteve aqui. Tem se tornado velado e distorcido pela ilusão, uma ilusão que surge por causa da forma como o mecanismo do pensamento funciona e porque nós aceitamos o que os outros nos disseram o que éramos. Todos eles vivem em sua própria versão da mesma ilusão, e sem querer passou o vírus enganoso de um eu objetivo para todos nós.

O Que A Vida Não-Volitiva Não É

Foi afirmado em capítulos anteriores que isto não é uma doutrina, filosofia ou religião. Não é um conjunto de regras que nos dizem como agir ou métodos que devem ser aplicados ao nosso comportamento. Ao inves disso, a vida não-volitiva ativará *automaticamente* a compreensão da (realidade).

No entanto, alguns equívocos precisam ser abordadas daqui para frente para nos ajudar a permanecer no caminho certo.

A vida não-volitivo não é sobre auto-rendição. Não há um eu pra se render e ninguém para entregá-lo. Isso levaria dois eus, um para ser entregue e aquele que "tem" que se render.

Não se trata de renunciar a si mesmo ou se auto-negar. Você não tem que negar ou remover o ego. Não é algo para ser desistido ou abandonado. O que é abandonado, e por quem? Você não tem que negar o que não é você.

A vida não-volitivo não é uma auto-negação. O ego não é algo que deve ser demolido, erradicado e substituído por um melhor, porque nunca realmente existiu.

E isso não é um modelo para inventar algum tipo de utopia política ou religiosa. Isso não pode ser legislado por meio de leis ou governo. Isso não é algo que possa ser realizado por meio de qualquer forma politica. Tais esforços "sociais" são absurdas e têm sido repetidamente provadas ser uma falha no passado. Eles estão condenados desde o início, dada a natureza ilusório do eu objetivado. A individualidade não é, e não pode ser mesclada em algum grande ego coletivo ou grupo. O que-nós-somos é a não-dualidade e isso não é alguém, nem ninguém, mas é diferente dos opostos conceituais.

E por favor, não imagine que você é uma *parte* de um Deus conceitual ou de alguma grande Consciência em algum lugar. Não há partes e coisa nenhuma para ser uma parte. O não-dual não é realmente alguem, como queremos então concluir que "ele" era algo objetivo como um objeto, uma coisa ou uma entidade. Tais conceitos místicos que soam como "estamos todos conectados" pode ter algum sentido em algum nível, mas sem expor o eu ilusório ainda é apenas uma outra cela no mesmo velho calabouço da individualidade.

Nosso vocabulário nem sequer precisa ser mudado. Palavras como "Eu," "mim," "meu," e assim por diante, ainda são necessários para se comunicar normalmente. Nós apenas interpretamos eles de forma diferente. Tentar evitá-los é desnecessário e complicado. Somente quando estamos falando desses assuntos que precisamos ser mais cuidadosos para uma maior clareza.

Resumindo, nós não temos que nos livrar de qualquer eu. Quando temos um profundo e total reconhecimento que nunca houve alguém para inicio de conversa, e nunca poderia ter, a identificação da mente irá se quebrar.

Vice-Ministro: *Mas eu sou um homem profano, trabalho em um escritório, como eu poderia estudar para obter o Caminho?*

Shen Hui: *Muito bem, Meritíssimo, a partir de hoje eu vou permitir que você trabalhe apenas no entendimento. Sem a prática, apenas chegar a um entendimento, então quando você está profundamente impregnado com a sua compreensão correta, todas as principais complicações e pensamentos ilusórios gradualmente vão diminuir .... Em nossa escola temos indicado ao mesmo tempo o que é o entendimento que é essencial, sem recorrer a uma multiplicidade de textos.*

— Shen Hui, h.5.

Sim, mas Shen Hui estava lá para promover o entendimento: nós só temos como parte de uma "multidão de textos."

Sim, ele diz que - a compreensão pode ser suficiente. Mas devemos 'viver' esse entendimento, é claro!

— Desde o início do "Tudo o mais é Bondage: Vida Não-Volitiva" por Wei Wu Wei

O Segredo

Repetidas vezes você se comprometeu de boa-fé a assumir o controle de sua vida e vivê-la do jeito que você mesmo sabia que poderia e do jeito que você decidiu que você deveria. Você estava inspirado a explorar as maravilhas incríveis e mistérios de uma vida superior. Muitas vezes parecia ter finalmente encontrado algumas respostas e ter tido sucesso em sua busca. Encorajado, você entusiasticamente lançou-se para uma nova tentativa, um novo caminho. Talvez parecesse que você teria sucesso por um tempo.

Mas então, justamente quando parecia que você tinha tudo sob controle, algo inesperado acontece e você volta para a velha forma novamente e faz exatamente o que você tinha resolvido não fazer. Você foi surpreendido por si mesmo sendo vítima de uma velha fraqueza que você pensou que tinha vencido. Muitas vezes, a mente vai tentar racionalizar suas ações como necessárias, mas se você puder ser honesto sobre isso, você vai perceber que o que você fez está errado. Sentindo-se derrotado e desanimado, mais uma vez começa a procurar de novo uma melhor maneira de alcançar uma vida superior e elevada.

O Que É Este Poder Misterioso Que Nos Leva A Fazer O Que Não Queremos Fazer?

Existe duas partes neste segredo. Esta é a primeira parte:

Cada vez que nós tentamos exercer a nossa vontade de controlar as necessidades, comportamentos e fraquezas que não gostamos em nós mesmos, a mente supõe que um "eu" está disposto a fazê-lo. E naquele momento este "eu" é considerado e todas as necessidades e desejos associados a ele são despertados e energizados.

Resumindo, qualquer tentativa de usar a força de vontade, ao mesmo tempo ativa mais ainda o comportamento que você está tentando parar. Você vê o problema? Essa é a "grande piada."

Pare aqui e pense sobre isso por um momento.

O segredo acima praticamente nunca é compartilhada porque é tão pouco compreendido. No entanto, este é o nucleo da vida não-volitiva. Este é o poder misterioso que nos faz fazer essas coisas "estúpidas," autodestrutivas que parecem boas no momento, mas nos colocam de volta onde começamos. Depois, nós nos perguntamos: "O que eu estava pensando ?!" Este segredo está sempre à espreita, no fundo totalmente insuspeita, e é a razão pela qual todos os métodos de auto-aperfeiçoamento e auto-descoberta que você tentou, tem sido decepcionante, na verdade fez as coisas piorarem .

Aqui está como isso aconteceu. No início de sua vida o processo do pensamento conceitual formou um conceito de sujeito por objetivar esse mesmo processo de pensamento e incorporá-lo com o corpo físico.

Esta mentalmente confinou você em um psique e você visualizou-se como uma mente dentro de um corpo. Isso provocou o processo de pensamento para descobrir uma série de novas necessidades relacionadas especificamente a proteger e reforçar esta limitada, imaginária entidade objetiva - "eu" - que existiu apenas em imagens e sentimentos insubstanciais que aparecem apenas em pensamento. Durante todo o tempo sua real e concreta identidade tem incessantemente sido a milagrosa, eterna, consciência viva em que este conceito-ego-morto - assim como todo o universo - aparece e tem existência.

No entanto, qualquer sentimento de uma maior vida ilimitada, logo foi perdidoa já que o foco da atenção da mente foi cativada e enlaçada pelo novo eu conceitual e a sua constantes necessidades e demandas. E que agora ficou repletas de necessidades geradas pela formação desse pseudo-eu, que continua a ser o foco do processo de pensamento para este momento.

Mesmo que isto seja compreendido agora, o problema é que, por causa do condicionamento, suposições habituais de que o pseudo-eu é o ator, o fazedor - o "ego" - qualquer tentativa de negar ou suprimir esse pseudo-eu ou essas necessidades, na verdade, *dá-lhe mais poder*. Isso é assim porque o processo de pensamento verifica automaticamente qualquer esforço para o mesmo pseudo-eu. Isso só reafirma o "eu" que então ativa suas necessidades geradas.

Assim, qualquer esforço específico que você faça para se livrar desse eu conceitual ou algum comportamento indesejado resultante, realmente criará o efeito *oposto*. Tais esforços da força de vontade apenas fortalecem o poder do eu conceitual, o aceitando como algo real que tem vontade própria e que pode agir por si só. Mas embora possa não mais ser do que o ato de sua sombra, simplesmente sendo um "ego" potencializa, desperta e aciona todas as necessidades associadas do pseudo-eu. Então, você pode ver agora que, quando o pseudo-eu é assim "usado," ele realmente *ativa* os próprios desejos e ações que a mente tenha associado? Em última análise, te obriga a ações para incorporar impulsos em vez das qualidades mais elevadas que você realmente pretende seguir. É por isso que é tão frustrante quando "fazemos o que nós odiamos," em vez do que nós resolvemos fazer.

Você não é a primeira pessoa a ter esse misterioso problema. O apóstolo Paulo tinha o mesmo problema há 2000 anos atrás. "Porque o que eu faço, eu não entendo; porque o que quero, isso não faço; mas o que detesto, isso faço." (Romanos 7:15) Isso soa familiar? Ele experimentou este problema e também descobriu a mesma solução que estamos descobrindo agora.

O fato de que o exercício da nossa suposta vontade, ativa os desejos e necessidades associados ao conceitual "eu" e é a descoberta mais importante que pode ser feita. Este é o âmago de nosso dilema e, na verdade, de todos os problemas da civilização.

Quando o eu conceitual é considerado como sendo alguém real, ele valida tudo relacionado ao eu, necessidades, desejos, medos, gostos e desgostos. Que têm sido adotados para proteger e manter este vulnerável, severamente limitado imaginário-eu. Sua atual visão de mundo foi literalmente construída sobre esta imagem mental de uma mente em um corpo. Agora parece tão evidente que ela afeta tudo o que você pensa, diz e faz.

O resultado final é, quanto mais você tentar melhorá-lo ou até mesmo se livrar dele, mais forte e mais enraizado ele parece ficar. É como um cão perseguindo o próprio rabo: quanto mais nós tentamos mudar, mais difícil será de mudar.

Quanto mais altruísta tentamos ser, mais egoísta nos tornamos, e quanto mais lutamos contra um vício que nós temos, mais vamos querer fazê-lo. Quanto mais lutamos com um medo temos, mais nos concentramos nele e mais assustador ele se torna. Quanto mais nós tentamos ser felizes mais infeliz nos tornamos. E assim vai com qualquer coisa enraizada no eu-conceitual.

Lembre-se, *qualquer* "eu" sendo uma entidade só *pode* ser irreal, um conceitual eu.

Como Escapar Deste Paradoxo

A segunda parte deste segredo é esta: *A vontade também é uma ilusão. É completamente imaginária.*

A verdadeira vontade nunca realmente aconteceu. Sua vida é completamente espontânea, agora, neste exato momento. Se o eu conceitual é uma ilusão, então a sua vontade, a sua capacidade de agir, só pode ser uma ilusão. Pode um pensamento pensar ou agir?

Assista a mente como ela opera. Veja se os pensamentos e ações realmente vem de algum eu. Ou será que eles simplesmente aparecem por si só, um pensamento após o outro? Não é porque sentiu como se eles fossem "seus" que você sempre achou que eram mesmo? De onde é que esse sentimento vem? Poderia ser automático também? Mesmo quando você delibera sobre este assunto, de onde é que isso veio? De um eu? Você consegue encontrá-lo? Quem está procurando por ele? Ou apenas presumiu que deveria ser um "eu" fazendo isso?

Observe a mente. De onde as suas intenções vem?

Será que vêm de qualquer entidade ou elas apenas aparecem espontaneamente?

De onde suas decisões vêm?

De onde suas idéias vêm?

De onde seus medos vêm?

De onde seus desejos vêm?

De onde seus gostos e desgostos vem?

De onde seus sentimentos vêm?

De onde as suas opiniões vêm?

De onde suas perguntas vêm?

De onde as respostas vêm?

De onde o seu entendimento vem?

Algum deles é realmente *seu*, então?

Tudo se resume ao local onde seus pensamentos vêm e de onde suas ações vêm. E nada disso realmente é você ou seu "fazer?" Como poderia ser? Vocês percebem como a "perda" da posse dessas coisas é na verdade a libertação?

É neste ponto que alguns leitores talvez cheguem à conclusão de que a não-vontade (não-volição) seja o mesmo que o não-fazer e o não-agir.

Mas se volição é "fazer," a não-vontade *não* é o "não-fazer." Não-fazer é ainda volição em seu aspecto passivo negativo. Ele ainda assume um eu que propositadamente não está fazendo nada. Estamos "fazendo" não-fazendo. Então não-volição não é *nem* o fazer *nem* o não-fazer.

O que isto significa? E o mais importante, como posso fazer isso? Isso soa tão complicado e impossível, mas isso é só porque ainda estamos fazendo as mesmas perguntas fúteis: "O que eu posso *fazer* sobre isso? O que eu deveria *fazer* sobre isso?"

Se a vontade é ilusória, então estas são as não-perguntas. Como você pode fazer ou não fazer alguma coisa sobre isso, se tanto o seu fazer e o não-fazer é uma ilusão? Sim, claro que fazer e não-fazer acontecem, mas não um "você," nenhum "eu," nenhum "ego" está fazendo isso ou é o agente disso. É completamente espontâneo. Reações automáticas estão a trabalhar profundamente dentro do processo de pensamento e surgem como pensamentos, sentimentos, ações. Se volição é uma ilusão, então a vida não-volitiva significa que você é *incapaz* de fazer ou não quer fazer nada. Por quê? Porque não há nenhum "você." Você não é alguem, então não há ninguém que quer fazer ou não-fazer. A vida não-volitiva não é algum fazer, é apenas um *fato* presente.

Neste momento você não está nem fazendo, nem não fazendo. Você só precisa perceber isso. Isso é tudo que há.

Jogue fora a carga das suas costas! Você pode relaxar. Mais importante ainda, a mente pode relaxar. Você vai ver "a si mesmo" ainda fazendo o que deve ser feito, mas agora, é sem sentido de esforço. Nada mudou, exceto a maneira como você vê (visão).

Quando esta identificação com o pseudo-eu é vista, permite que os impulsos para se propagar de uma fonte ainda maior *antes* do corpo-mente. Ação espontânea brota daquilo que voce é. Isso é a verdadeira ação original. Antes disso acontecer, são todas *reações, tudo causa e efeito.*

A ilusão da vontade é o que causou a sensação de esforço, quando tivemos de fazer algo que não estavam interessados em fazer. Vontade implica um agente objectivo, uma entidade, como o iniciador e não existe um. O-que-você-é não está envolvido neste dilema, nunca esteve, nunca estará. Ele nunca foi um problema para o-que-você-é.

Isso certamente pode parecer um problema para você agora, mas é simplesmente uma confusão dentro do mecanismo do pensamento, onde ele confundiu este mesmo processo de pensamento automático como sendo o seu real ser. Assim como criamos mentalmente uma coisa, um objeto, fora do que é realmente apenas uma *ação* - como um "punho" confundida com a nossa mão - o processo de pensamento tem objetivado a sua própria ação de pensar em uma entidade, "eu," como o pensador.

"Eu" não sou esse processo. "Eu" sou o silêncio, quietude, Consciência em que não só esse processo, mas o resto do universo está aparecendo espontaneamente. Esta consciência não tem aparência, nenhuma qualidade em si, mas é a "fonte" do qual este momento e tudo neste momento deriva sua realidade, seu "ser-estar."

As Consequências Dessa Compreensão Radical

Apenas reconheça que não existe um "eu," nenhum eu, remova totalmente o "você" da situação. Você não é um participante. Você nunca esteve envolvido e nunca poderá estar. Você não tem que tentar se desvencilhar dele.

Perceber isso irá ajudar a liberar o foco da mente do aperto implacável do conceito-eu e permitirá que a mente comece a reorientar todo o "fluxo" do processo de pensamento para essa consciência, essa Consciência Pura.

Quando se torna claro que você não é este pseudo-eu, você experimentará uma liberação do senso de frustração, da condenação e da culpa pelas ações e pensamentos causados pela identificação da mente com o pseudo-eu. Quando você tiver ainda pesaroso com o efeito de ações passadas você então será liberado do ciclo da culpa e da condenação. Isto permitirá que a atenção reoriente o "fluxo" do pensamento conceitual.

Valores Morais e Éticos

A pergunta pode surgir: "São os valores morais e éticos realmente ruins, quando causam resultados opostos?" Claro que não. Aqui está o porquê. Eles podem *expor* o pseudo-eu e aprofundar a compreensão do que está acontecendo e o que é real.

Fomos ensinados desde que éramos crianças, que é ruim ser egoísta, e que o egoísmo é errado, porque acredita-se que o altruísmo é melhor e ajuda a sociedade a funcionar melhor. Na verdade, nós realmente não queremos ser egoístas. Nós sabemos que só vai ser proveitoso por outras pessoas egoístas. Mas uma razão melhor para o altruísmo é que ele pode expor a impotência do ser conceitual e sua suposta vontade. Nós não podemos ajudá-lo, só podemos escondê-lo. Quando entendido, o egoísmo já não é algo do que se envergonhar, pois pode ser o nosso professor.

No entanto, é possível que algumas pessoas *pareçam* ter conquistado o eu por sua força de vontade e a espiritualidade, se tornando "desinteressadas." Possivelmente alguns. Mas a mente pode ser muito perversa. Ele pode aprender a agir e parecer completamente santa. Ironicamente, o "eu" gratifica-se por parecer altruísta. E podemos até acreditar que temos de fato conquistado nosso egoísmo ... na maior parte.

Mas, na verdade, se você observar a mente de perto e honestamente, você poderá ver que a identificação habitual com o conceito de ego ainda é o pressuposto fundamental que rege o processo de pensamento, e é capaz de se romper a qualquer momento. Você vai descobrir que a mente acaba de saber maneiras de esconder suas piores e mais óbvias manifestações. O desejo de parecer bom tornou-se forte o suficiente para suprimir as ações mais egoístas.

Esta operação pode se tornar tão inconsciente que pode até enganar a nós mesmos e podemos até começar a sentir que realmente nos tornamos relativamente uma boa pessoa por nossos próprios esforços. No entanto, a mente ainda é escrava do conceito-eu e uma multidão de necessidades que ela tem gerado.

Se você descobrir isso, não desanime ou fique desencorajado. Este é um real progresso. Você não tem que consertá-lo: basta expor o mesmo desta maneira que irá eventualmente dissolvê-la.

Pelo processo de pensamento, a auto-preservação é a mesma coisa que preservação do pseudo-eu, porque é isso o que ele pensa que é. Isso tem funcionado como seu principal objetivo. Observando a mente, revelará que ela também tenta suprimir os impulsos egoístas com culpa e medo de ser descoberta. Se temos culpa suficiente ou medo sobre algum desejo, a ação do ego pode, em certa medida, suprimir sua expressão. Mais uma vez, podemos até acreditar que o conquistamos. Mas você vai descobrir que ele sempre encontra outras maneiras de se expressar.

Quando não há mais qualquer identificação com um eu conceitual, não há ninguém que possa ser culpado ou condenado. Pensamentos e ações deixarão de ser escravizados e afetados pelas necessidades criadas por causa disso. Viver é novamente mais fácil e alegre. Pode você ver como a sensação de esforço é apenas um sentimento, uma tensão que cresceu a partir da presença do conceito-eu e sua vontade imaginária?

Todas as formas que tentamos lidar com o nosso comportamento são em última análise destrutivas se não compreendemos o que está realmente acontecendo na mente. Sem essa compreensão, os métodos de auto-aperfeiçoamento, na verdade, fortalecem o poder do conceito-eu e prejudica o nosso caráter, a nossa humanidade básica e nos conduz a viver em um mundo de duplicidade, de engano e racionalização. A fim de parecer do jeito que queremos, para nós e para os outros, temos de lidar com os conflitos e dilemas que se ocultam sob essa fachada, para manter a tampa sobre ela. Secretamente, nós ainda sofremos, tendo pouca alegria e pouca paz.

Isso pode se tornar uma parte tão grande da nossa vida quotidiana que chegamos a aceitá-la como normal. Na verdade, somos assim porque nos disseram que *é* normal. Mas só porque é uma aflição em todo o mundo e comum, *não* quer dizer que seja normal.

É justamente por isso que alguns têm a intenção de dedicar sinceramente suas vidas para viver virtuosamente, mas acabam por se transformar em amargos, irritados e hipócritas julgadores. Muitos de nós, porém, não estão tentando se tornar santos, nós só queremos aprender a lidar com as coisas cotidianas, como o receio do trabalho. No entanto, se o que sabemos sobre o pseudo-eu, os valores mais altos podem ser usados para expor como eles afetam o funcionamento do processo de pensamento. Então, podemos ver como o pseudo-eu é a fonte de nosso desagrado de ter que ir para o trabalho, pois associamos nosso trabalho com esforço, o esforço com a vontade e a vontade com o "eu."

Se você é um golfista, mesmo jogando golfe você pode perder muito de sua diversão, se você tiver que fazer isso para viver. Para o resto de nós, _____ (preencha o vazio com o seu passatempo favorito) perderia muito de sua diversão, se você tive que fazer isso oito horas por dia para viver.

Focando Na Identificação Enquanto A Ilusão Se Dissolve

Lidar com a identificação com o pseudo-eu primeiramente envolve ver que você já está livre neste momento. Nunca houve alguém para ser afetado. Você sempre foi livre, mas não estava ciente disso. Nenhum falso eu tem sido você ou seu. E agora que você não tem nenhum interesse no resultado, você pode comemorar sua liberdade. É como viver em uma cela de prisão por um longo tempo apenas para descobrir que a porta nunca esteve trancada.

Seu problema era simplesmente que "você" pensava que "você" vivia "sua" vida. É exatamente por isso que nunca iria funcionar. Agora você pode começar a deixar conscientemente sua vida ser vivida pelo o-que-você-é. Sempre foi, mas agora ele pode ser aceito e apreciado. Sem essa percepção você estava lutando contra ele. Reconhecendo o-que-você-é terá um efeito imediato trazendo alívio, alegria e um sentimento sem limites da liberdade e profundo, penetrante paz. Confiando em seu imaginário pseudo-eu para viver sua vida é como confiar em sua sombra para guiá-lo para casa. No entanto, você pode certamente confiar o-que-você-é a viver a sua vida. O-que-você-é já sabe todos os momentos da "sua" vida do começo ao fim pois ele *está* em cada momento. Ele *é* a sua vida. Ele vai cuidar de si mesmo.

Assim, a pergunta é, o que acontece a seguir? Será que basta ocupar-nos com o que estiver à mão ou será que existe uma maneira de aprofundar esta experiência?

Ambos.

Veja, embora a mente, sendo simplesmente um processo de pensamento autônomo, não tem poder volitivo de suas próprias idéias, eles próprios têm o poder para trabalhar dentro dela, e pode desviá-la para outro curso que pode até mesmo alterar a própria forma como a mente funciona. Prova disso é a forma como a mera presença de uma idéia, o auto-conceito, completamente escravizados que ele transformou-o em si mesmo. As idéias podem desencadear outros pensamentos e idéias através da associação, a construção de uma intrincada teia de causa e efeito, eventos aleatórios, neurofisiologia, estimulação e inibição, etc., (fenomenalmente falando).

Agora, porque você está lendo este livro, as idéias que você está absorvendo tem o poder em si mesmo para redirecionar o foco de atenção de volta ao fluxo de pensamentos e conceitos para realmente perceber a Consciência Pura. Se a sua mentalidade não elimina essa percepção, você reconhecerá (reconhecer) que este é realmente o-que-você-é. Isso pode reorientar a mente para seu Ser Real e reintegrá-lo, permitindo que funcione de uma maneira nova, mais elevada - total, ilimitada e espontânea. Ele estará livre para funcionar a partir da orientação do não-dual "Eu sou" em que tudo aparece e tem existência.

O rompimento da identificação com o "eu" pode acontecer no primeiro instante de olhar para trás "o fluxo" e "vendo" o primeiro vislumbre real do que-você-é. Ou pode levar até vários anos para reconhecer o-que-você-é para o desenrolar completo. Seja qual for o tempo que demore, vale a pena. Esse desenrolar é às vezes chamado "o amadurecimento." É a conseqüência da iluminação. A iluminação não é algo que acontece com "você" - é o que você é. Mas o importante é que a partir desse primeiro momento de percepção intuitiva, você *sabe* que você é livre.

O processo de pensamento, construído sobre o eu conceitual, pode ser muito tortuoso em encontrar formas de preservar essa identificação com um "eu." Todo o seu sistema de crença é construída sobre a convicção de um "eu" de modo que isso ameaça o eu conceitual. Na verdade, ele pode muito bem aceitar muito do que está neste livro como verdade. Pode até tentar integrar isso em sua visão de mundo.

(Afinal de contas, ele quer melhorar a si mesmo, de ser feliz e livre.) Mas não é mesmo um "eu." É simplesmente um *processo*, o processo de pensamento, não uma pessoa ou uma coisa, definitivamente não é você ou até mesmo o você fazendo, apenas uma ação involuntária, como um piscar de olhos é uma ação involuntária.

A mente imagina ser um eu que tem uma mente. Não admira que se sinta sobrecarregada tentando manter essa enorme contradição escondida.

O processo de pensamento reativo ainda tentará, por força do hábito, assumir que ele é um objeto, uma entidade volitiva independente. É o hábito de uma vida inteira, correndo no fundo do sub-consciente. E sem a experiência real de primeira mão, o conhecimento intelectual superficial, não será suficiente para expor totalmente o eu conceitual como a ilusão que é. Assim, com o foco na Pura Consciência e observando como o pseudo-eu existe só em pensamento será útil para dissolver a identificação com ele, e as necessidades que ele tem gerado. Eventualmente, a sensação de esforço terminará, e a vida não-volitiva vai operar de forma aberta e livremente.

Mas sempre se lembre, você já é livre. Você nunca foi limitado porque nunca houve alguém para ser limitado. Você sempre pode voltar a esta profunda verdade: é apenas o processo do pensamento que é afetado e não você. Os sentimentos de medo, confusão ou frustração pertencem a ele, não a quem-você-é. Isso não é algo que você tem que fazer. É algo que você *assisti*. Isso é tudo o que você *pode* fazer. E até mesmo isso vai acontecer só porque você está lendo isso agora. Ler sobre isso planta a idéia de ver o processo do pensamento. Então você vai pensar sobre isso e isso vai acontecer. Ele vai mudar por si só.

É por isso que ajudará manter a releitura deste livro outras vezes. Cada vez o entendimento vai crescendo e novas coisas serão vistas. Você está rompendo com uma vida inteira de conceitos condicionados e a resistência de mentalidade.

Mesmo que o poder do eu conceitual seja pura ilusão, esta ilusão deve ser totalmente exposta na *experiência real* para que ele perca o seu poder de afetar pensamentos e comportamentos. Assim como uma mentira ainda vai funcionar se acredita que a mente ainda se identifica com ela própria como sendo o que você é, ainda vai ter o poder de influenciar, iludir e deformar o corpo-mente. Até que se dissolva, os efeitos desse entendimento não serão plenamente realizados nem plenamente manifestados. No entanto, isso ainda está bem. Você está saindo dele. A descoberta inicial de que você não é o ego é, em si, um mudança de vida, mesmo que possa ser apenas o menor vislumbre. Vale a pena o tempo que levar para perceber isso totalmente.

Portanto, nada que a mente ou o corpo faz, precisa, sente ou tem, é você ou seu fazer. O-que-você-é nunca podem sofrer ou ser afetado de forma alguma. O-que-você-é sempre foi livre. O-que-você-é nunca muda. O-que-você-é é puro, eterna consciência, claro e silencioso, o fluxo de tudo o que aparece, de tudo o que vem e vai, de tudo o que é bom e ruim. É *tudo* e ainda está distante de tudo. Não é uma entidade ou "coisa" ou mesmo um "eu," mas a clareza brilhando pela qual tudo está aparecendo, aquilo que *sabe* que este momento é.

Para Futuras Considerações

Se você é aventureiro você pode achar que também pode se concentrar nas qualidades de caráter mais elevados de ser. Focar nas elevadas qualidades de caráter é preciso coragem, mesmo que você saiba que o eu conceitual ainda é uma parte condicionada do processo de pensamento, e mesmo que você saiba, você pode ser deliberadamente despertar as tendências opostas. Você vai ter "fracassos." Você pode até mesmo ser acusado de ser um hipócrita. Na verdade, a própria mente vai acusá-lo de apenas isso. Mas você também vai ver que existe alegria. Há algo de belo e honrado neste esforço acima do objetivo comum.

Desde quando tentamos viver de acordo com os padrões mais elevados só tem ativado as necessidades criadas pela ilusão de si mesmo, por que não devemos apenas deixar cair os nossos valores e fazer o que queremos?

Se alguém aceita que não existe tal coisa como vontade e conclui que eles não podem deixar de agir em cada impulso, então isso é o que eles vão fazer, porque é isso que eles querem acreditar. Eles não podem ser ajudados, neste ponto. Mas espero que, eles possam, eventualmente, ver a futilidade nisso.

As qualidades de caráter mais elevadas ficam para nos mostrar a expressão de uma vida livre da dominação do pseudo-eu. Qualidades como:

Amor

Alegria

Paz

Paciencia

Gentileza

Bondade

Lealdade

Gentileza

Autocontrole

E estes são a base para:

Comprometimento

Coragem

Caráter

Fidelidade

Honra

Verdade

Confiabilidade

Sacrifício e

Responsabilidade pessoal

Nós não estamos tentando adquirir essas qualidades, especialmente a fim de nos libertarmos: é o oposto. Isso vêm de perceber que você já está livre. São a manifestação de seu verdadeiro Ser. Eles irão aparecer inesperadamente. No entanto, pode ser manipulado e usado com esses ideais se estamos apenas tentando provar para nós mesmos e para os outros que temos eles. "Politicamente correto" é um bom exemplo de como podemos ser manipulados desta forma.

A verdade é que nós possuímos todo o universo, porque *somos* o universo inteiro. É a nossa manifestação fenomenal.

Vocês Devem Amar Uns Aos Outros

Alguns líderes espirituais gostam de nos dizer: "Você tem que amar uns aos outros," e, em seguida, gabam-se por ser tão espirituais. Mas nós já sabemos que devemos amar uns aos outros. Nós já tentamos fazê-lo e não conseguimos. O que eles nunca nos disseram é como fazê-lo, talvez porque eles não conhecem a si mesmos. Podemos nos perguntar, será que devemos apenas agir amorosamente ou devemos realmente amar em nossos corações? E mesmo se fizermos uma expressão inicial de amor, é difícil mantê-lo quando ele não é apreciado ou retribuído. Agora podemos entender por que não poderia realmente amar a todos incondicionalmente.

Este é um total sistema de crença, a nossas mais profundas crenças e desejos inconscientes, que afetam as escolhas que são feitas e o que fazemos. Não é o nosso querer, não a é nossa vontade. Querer ou vontade não entrar nisso. Fazer a coisa certa é importante o suficiente no sistema de crenças, seja de egoísmo, medo ou altruísmo, que irá resultar na ação. É por isso que a força de vontade, por vezes, parece funcionar, mas não sem encontrar o fenômeno "misterioso" mencionado anteriormente, onde o pseudo-eu relaciona necessidades e desejos que são ativados pela própria tentativa de expressar essas qualidades. No entanto, sem o objetivo de adquirir essas qualidades elevadas, não teríamos a oportunidade de exercer o seu valor real em expor o eu ilusório, e descobrir esta dimensão mais elevada.

Percebemos esse processo de tentar escolher princípios mais elevados, quando o chamamos "deliberação" e "decisão," a ser a premissa tácita "de fazer uma escolha difícil:" "Será que vou ganhar ou perder" Nós acreditamos que é o "eu" pesando "minhas" opções, em seguida, escolhemos e agimos. Mas, na verdade, se realmente observarmos o processo, nenhum "eu" está agindo. É simplesmente uma série de reações mentais *e a crença mais forte ou desejo acabará por vencer* e ser expressa.

Este "diálogo com o nosso eu" é basicamente uma experiência de racionalização. E tudo acontece por si só. Na verdade, é mais frequentemente *depois* de agirmos que apresentamos uma razão. As ações podem realmente começar *antes* da decisão de agir for feita. Pergunte a um piloto de combate a esse respeito.

Um Dos Equívocos Mais Comuns Da Volição

Bill Douglas (não é seu nome real), um homem casado, tinha assistido a um seminário sobre esta matéria. Bill realmente entendeu parte sobre a ilusão da vontade, tanto que ele usa isso como uma desculpa para ter um caso com outra mulher. Seu raciocínio era que uma vez que ele não tinha controle sobre a sua vontade, ele simplesmente não tinha escolha, então deixava se levar pelos seus sentimentos "reais." Era inevitável, ele argumentou.

Algumas questões simples poderiam tê-lo salvo desta bagunça. Mas no momento ele provavelmente não quer realmente se perguntar.

Quem não tinha nenhum controle? Isso, pelo menos, revela que a "mente" foi identificada servindo o pseudo-eu.

Quem queria essa mulher e por quê?

Será que iria melhorar a sua vida ou poderia causar mais problemas?

Será que promoveria a felicidade ou apenas alimentaria algumas demandas imediatas do pseudo-eu?

É este o tipo de coisa pra fazer com a sua esposa?

Será que isso é o tipo de coisa para a outra mulher que estava casada também?

Poderia isso ter sido uma oportunidade para observar como a identificação com o pseudo-eu afeta seu raciocínio e ações, mesmo que ele não conseguisse ajudar a si mesmo? E Bill não deveria já perceber que ele não poderia ter o entendimento da não-volição corretamente? Ou talvez ele estivesse apenas procurando uma boa desculpa para fazer o que ele queria e não tenha que se sentir culpado por isso depois.

Essas necessidades que ele sente nunca poderão ser satisfeitas completamente, porque o seu verdadeiro propósito é manter uma ilusão, o eu conceitual. Alimentá-lo não faz com que ele vá embora. Isso apenas o torna mais forte e ainda mais difícil de resistir na próxima vez. No entanto, muitas vezes, nós nunca nos importamos com isso no momento. Podemos culpar as "circunstâncias" e outras pessoas e depois perguntamos por que a nossa vida é uma bagunça, por isso que ainda somos infelizes e por que a vida é tão injusta conosco.

Bill usou o sistema de crenças para cumprir seus apelos mais imediatos e mais fortes. E, houve conseqüências lhe causando uma série de problemas e sofrimento.

É Inútil Permanecer Identificado Com O Falso Self Enquanto Ignora o Certo E O Errado

Bill tinha perdido o ponto. A mente é muito boa em racionalizar um motivo para fazer o que ela sente que precisa fazer. Embora ele não tenha percebido isso, seu processo de pensamento estava, na verdade, tentando preservar o pseudo-eu e, ao mesmo tempo, evitado as restrições sobre ele. Mas, como sabemos agora, não há um eu para manter: isso não é real. Quem está lá para mantê-lo e por quê? Seus desejos não são os nossos desejos. Esta é uma maneira que o processo de pensamento tem de enganar e em manter a ilusão do eu objetivado intacto e as necessidades que gerou e, ao mesmo tempo, se livrar dessas restrições morais produtoras de culpa "incômodas" (junto com o simples e comum sentido).

Não podemos "manter" o eu ilusório e ignorar as regras de conduta da sociedade. Não apenas porque é errado, mas também porque é impraticável. O conceito-eu não tem poder em si mesmo e se identificar com ele só traz mais sofrimento e escravidão.

É por isso que os valores, regras e leis foram criadas em primeiro lugar, como uma tentativa de conter as mesmas necessidades que são criadas pelo conceito-eu. E, também, temos encontrado agora essas regras de conduta que tornadas necessárias pelo eu ilusório para realizar o que *expõe* o eu ilusorio quando descobrimos que ele não tem poder por si mesmo para agir.

Somente quando ele é exposto como não real, mas simplesmente uma *idéia,* a identificação com ele se dissolve, também a necessidade de regras de conduta e leis desaparecem porque serão então espontaneamente e sem esforço cumpridas.

No entanto, nesse meio tempo, antes de descobrirmos que o eu é uma ilusão, nós, em nossas próprias mentes, somos responsabilizados por nossas ações, embora possamos tentar racionalizá-los. E também provocamos sofrimento por causa do que fazemos se nós pensamos assim ou não. Não podemos considerar apenas partes do caminho da vida não-volitiva que gostamos e achamos que entendemos enquanto (talvez até inconscientemente), deixamos de fora a parte do que não gostamos ou não entendemos, e escapamos das conseqüências.

Para Bill, com a sua nova (mal interpretada) crença, suas ações pareciam bem no momento e, pensou, certamente ser o mais agradável. Mas sua idéia de liberdade é virada de cabeça para baixo. Liberdade para seguir o eu ilusório aumenta a escravidão da mente. Vê-lo como uma farsa ajuda a mente a ignorá-lo e, eventualmente, permite que a mente funcione livremente e pacificamente. É por isso que "ética situacional" filosofias tais como, o bem e o mal são sempre relativas e flexíveis e variam de acordo com a situação, e só aumentam nossa escravidão.

Apreciar os valores mais elevados não é tão fácil. E isso não parece sempre ter recompensas imediatas. Mas esta é a única coisa que pode expor mais claramente a ilusão da vontade pelo que ele é, junto com a ilusão do eu que deveria estar a seu serviço. Pois, se a volição realmente funciona, *poderíamos* levar uma vida perfeita, não poderíamos?

A vida de ceder as necessidades e desejos geradas pelo falso e conceitual eu nunca irá revelar o falso eu, a menos que finalmente se desespere tentando sempre satisfazê-lo e comece a questionar e analisar o porquê. Mas, geralmente, nesse momento, a pessoa é muito consumida por ele para ser capaz de fazer isso.

Enquanto Isso, Apenas Preste Atenção

Veja como o processo de pensamento vai racionalizando o que sentimos compelidos a fazer por hábito e desejo. Em outras palavras, ele vai nos dando uma razão para fazer o que quer fazer, fazendo sentido ou não. O pseudo-eu está repleto de necessidades conflitantes e contraditórias. É por isso que nós muitas vezes temos dificuldade em "decidir." Nossas necessidades freqüentemente entram em conflito e lutam entre si para a realização, mas a necessidade mais forte acabará por vencer. Inutilmente ao tentar cumpri-las também alimentamos e a tornamos mais forte, como qualquer hábito. A pouca e temporária satisfação que lhe damos é logo substituída por culpa e baixa auto-estima.

A Graça

Nós descobrimos agora que resistir às necessidades do eu o ativa, enquanto não resistir lhe torna mais forte. Isto não ilustra perfeitamente que *nem* fazer nem não-fazer é a única solução? A não volição é a saída - a *única* saída. E, graças a Deus, não é algo que devemos *fazer*. "Você" foi removido da situação por descobrir que não existe um "você" para fazer qualquer coisa. Vida não-volitiva é simplesmente perceber que *agora, neste momento, você não está nem fazendo, nem não-fazendo.* E se parecer que "você" está fazendo, é apenas uma suposição habitual. O fazer apenas acontece. É simplesmente a realidade, aqui, agora. Compreender a vida não-volitiva corta todas as opções do processo do pensamento que acredita ter. Tudo está sendo cuidado. Está consumado. Agora descanse. Isso é tudo o que é possível.

Livre Arbítrio ou Determinismo?

Durante eras tem havido muitos debates por estudiosos, filósofos e teólogos sobre a questão de saber se o homem tem o livre-arbítrio, ou está sujeito ao determinismo. A piada é que não é nem isso. Eles também caíram na ilusão de ser um objeto, uma entidade, um ego. Poucos pensam até mesmo em questioná-lo. Se não houver eu então quem está lá para ter livre arbítrio? Ou então, quem está ali para ser controlado pelo determinismo? Mas o debate se trava como crianças que discutem entre si sobre se o monstro está no armário ou debaixo da cama. Normalmente, o livre-arbítrio tem o consenso, não porque ele possa ser provado, mas, por *parecer* que temos o livre arbítrio. E de qualquer forma a alternativa - o determinismo - realmente equivale ao fatalismo e quem quer isso?

Se o processo de pensamento é identificado com um eu conceitual (como é para a maioria do mundo), então a crença no livre-arbítrio é necessária para leis e valores para ter alguma moderação em tudo sobre as ações das pessoas (através de punição e recompensa). Se o determinismo fosse a crença predominante, então haveria pouco controle social, mais caos e anarquia. (Embora a tendência atual de ser uma vítima e culpar as circunstâncias e as coisas inanimadas pareçam estar nos levando nessa direção.)

Enquanto vivermos identificados com o eu conceitual, vai parecer que nós temos livre arbítrio (embora pareça estranhamente inconstante e intermitente). Então, com a ilusão do eu objetivo e sua suposta vontade começa a ser descoberto, ele pode começar a olhar mais como determinismo ou causa e efeito. Então, quando a identificação com o eu conceitual, na verdade, se evapora, ambos os conceitos depender mutuamente-tes de livre-arbítrio e determinismo desaparecem porque não há nem um eu nem um não-eu para ser sujeito a qualquer um. O-que-somos, é "o fluxo," ou antes de todas essas dualidades. Ações verdadeiras (mesmo espaço-tempo) A vida verdadeira têm origem a partir daqui.

Tudo acontece como deveria. Sempre foi.

A espontaneidade divina, então se abre para "Eu apenas *sou*."

Agora, faça a Meditação da Realidade #11 mais uma vez.

UM NOVO PARADIGMA

Enquanto eu sou isso ou aquilo,

Eu não sou tudo.

–Meister Eckhart

O chamado modelo de senso comum da realidade é que nós somos separados, entidades objetivas (uma coisa) que vive em um universo pré-existente de objetos separados, apenas coisas.

A maioria das pessoas preferem este modelo mundial tipo newtoniano reducionista porque pressupõe um objetivo, um quantitativo, um relógio, um mundo material que pode ser medido, desmontado, matematicamente descrito e publicado em jornais. Mas as descobertas da física quântica contradizem este modelo. Eles indicam que nada pode aparecer para além do observador, que nada existe em si e concluem que não há tal coisa como um universo objetivo.

A nova física tem apontado para uma nova mudança de paradigma desde o início da década de 1930. Mas ainda não conseguimos "pegar" isso. Enquanto as verdadeiras implicações do que a nova física realmente significa em termos do o-que-nós-somos ainda a ser amplamente reconhecido, as experiências recentes têm inequivocamente provado que o que chamamos de matéria não é importante.

Se isso não é surpreendente o suficiente, o famoso experimento da "fenda dupla" já foi realizada com átomos individuais inteiros, revelando que até mesmo objetos macro no mundo "real" (incluindo nossos próprios corpos), na verdade, não aparecem até que sejam "vistos" ou "medidos" por um observador consciente. Os físicos chamam isso de "o colapso da função de onda," e reconhecem que a consciência de alguma forma faz com que isso aconteça. Até então, os objetos não são nada, e não estão em nenhum lugar na verdade, são apenas *ondas de probabilidade*. Até pouco tempo atrás, poderíamos ignorar esta e as implicações alarmantes, porque era apenas uma teoria e não tinha sido comprovada. Mas tudo isso mudou. Temos de encarar os fatos, pois as coisas foram provadas através de experiências reais, como o famoso experimento da fenda dupla.

O Experimento Da Fenda-Dupla

O experimento da fenda dupla confirmou o papel inegável de consciência na manifestação da fenomenalidade. A experiência começa por disparar fluxos de fótons de uma única fonte por duas fendas verticais em uma barreira dispostos lado a lado. No outro lado dessa barreira tem uma tela que pode gravar (show), onde cada fóton chega. O resultado é uma franja padrão de interferência na tela que aparece como uma série de listras verticais claras e escuras, do tipo que você pode esperar quando duas ondas se encontram em um rio. No entanto, quando fótons individuais passam através das fendas e chegam à tela eles *ainda* formam um padrão de interferência na margem da tela como se eles *interferissem com eles mesmos.*

O padrão de interferência da margem mostra que a luz percorreu como se fosse ondulações ou ondas que saem do única fonte na expansão círculos como quando uma pedra é deixada cair em uma lagoa. As ondas de luz passar através das duas fendas de uma só vez, formando dois padrões de ondas circulares do outro lado da barreira, irradiando para fora a partir de cada uma das duas fendas. Quando essas duas ondas circulares de luz chegar à tela eles interferem uma com a outra assim como quando dois círculos em expansão de padrões de ondas de água se encontram, o cancelamento da onda em um lugar onde um pico e uma calha se encontram e ampliam em outro lugar onde dois picos ou duas calhas se encontram. Isto é o que faz a série de listras verticais claras e escuras chamados padrão de interferência.

Uma versão simples deste experimento foi originalmente realizada por Thomas Young no início do século XIX, para "provar" que a luz era uma onda, e não uma partícula como Isaac Newton acreditava. É claro que agora é aceito que tanto o comportamento de onda ou partícula se manifesta de acordo com o tipo de experiência executada.

A Nova Versão Do Experimento Da Fenda-Dupla

Em 1983, o experimento foi feito com mais elétrons individuais, em vez de fótons e descobriu-se que, se apenas um elétron de cada vez é enviado, o padrão de interferência *ainda se forma*. Os elétrons individuais batem na tela e se acumulam para formar o mesmo padrão de interferência como os fótons faziam. É como se cada elétron individualmente passasse através de *ambas* as fendas na barreira ao mesmo tempo, e interferisse consigo mesmo! Essa é a única maneira que o padrão de interferência ainda aparece. Isso significa que o elétron deve começar como uma partícula, mas desaparece e "viaja" como uma *onda de probabilidades* e depois reaparece na tela como uma partícula, mais uma vez.

Isso parece estranho o suficiente, mas a parte realmente surpreendente é que, se você tentar verificar ou monitorar as duas fendas com instrumentos para observar uma (ou ambas) as fendas que o elétron realmente percorre, a luz torna-se uma partícula de elétrons individuais novamente na fenda de onde foi detectado e *o padrão de interferência desaparece*! Isto também tinha sido visto acontecer com os fótons.

O ato de observar, na verdade, fez com que o elétron se manifestasse. Antes ele não havia chegado a existir como uma partícula, havia apenas probabilidades estatísticas de onde poderia estar. O elétron, tornando-se uma partícula nas fendas porque era "visto," deixa de ser uma onda de probabilidade e, em seguida, "escolhe" qual fenda ele irá viajar. Assim, já não interfere consigo mesmo e o padrão de interferência não mais se forma.

Os físicos, na tentativa de estabelecer a realidade do reducionista mundo da matéria, já conseguiu demonstrar o contrário. Não existe nada em si mesmo, mas recebe o seu significado através de relações com todo o resto. E, para seu espanto, é necessaria a consciência.

A física quântica de fato diz que a onda de elétron não é realmente uma onda de alguma coisa, mas apenas uma onda de *probabilidades*. Isto é, o elétron, não é uma partícula até que "chegue" (seja observada) e manifeste-se como um elétron com o colapso da função de onda. Assim, o termo "partícula" não se refere a algo como uma pequena bola de bilhar, como havia sido retratada. Isso significa que não há "realidade?" Claro que não. Esta é a realidade. É isso que é a realidade. Não é exatamente o que imaginava que fosse.

Qualquer ato de observação da onda, seja vendo ou medindo para determinar a sua localização exata no espaço-tempo, causa esse colapso da função[1] de onda. Esta experiência prova além de qualquer dúvida que o aparente observado e o aparente observador estão ligados entre si como um todo e afetam a manifestação dos fótons, elétrons e átomos inteiros. O físico David Pritchard realizou com sucesso esta mesma experiência em 1987, usando átomos de sódio em vez de fótons ou elétrons. Isto significa que o mundo macro em que vivemos (incluindo nossos próprios corpos) funciona dessa mesma maneira.

Isso poderia significar que nós podemos estar realmente criando o que nós estamos procurando? Esta poderia ser a verdadeira função da fé? O aspecto reflexivo peculiar do colapso da função de onda pode desempenhar um papel muito maior do que é suposto na primeira vez. Nós encontramos o que nós estamos procurando, porque ele já estava lá ou encontramos porque nós estamos olhando para ele? Existe muito mais aqui para explorar.

Na Verdade, A Realização Do Experimento Do Pensamento EPR Comprova Que Einstein Estava Errado

O famoso "experimento mental" (EPR) Einstein/Podolsky/Rosen foi realmente realizado, provando a não-localidade e sugeriu que o espaço-tempo parece ser mais um mecanismo de manifestação fenomenal ao invés de alguma coisa em si mesma (pré-existente).

Einstein acreditava na "realidade" do material, as coisas-em-si-mesmas um tipo de mundo. E ele pensava que os efeitos quânticos probabilísticos estranhos recém-descobertos eram simplesmente porque ainda não se sabia todas as razões para esse comportamento.

Por exemplo, a mecânica quântica diz que uma partícula não poderia ter uma posição exata e um impulso exato ao mesmo tempo, porque apenas um ou o outro poderia ser medido no colapso da função de onda. Einstein pensava que em um mundo real de matéria um fóton deve realmente ter as duas qualidades de posição e momento e se não o pudéssemos medir, era apenas porque não se sabia como.

Foi depois que souberam que se em um par de fótons fossem provocado por emitissão em um átomo, o que acontecia com um fóton também afetaria o estado de seu "gêmeo." Se um colapso em uma partícula tivesse deixado de polariar, o outro duplo deveria também entrar em colapso e em entrar em polarização oposta. Mas Einstein acreditava que se os dois estivessem longe o suficiente, você poderia medir um para estabelecer a polarização, caindo, assim, a função de onda. Mas então você poderia usar as leis que regem as colisões para determinar a polarização do gêmeo sem perturbá-la, antes que pudesse ser afetado pela mudança no primeiro fóton, já que nada poderia viajar mais rápido que a velocidade da luz.

Isso provaria, Segundo Einstein que as ondas de luz realmente possuíam uma "realidade material" sob a forma de impulso e posição. Naquela época, no entanto, foi impossível realmente executar tal experiência, por isso foi chamada de "experimento mental," usada para ilustrar a visão de Einstein.

Em 1982, o físico Alain Aspect, da Universidade de Paris realizou com sucesso essa experiência, fazendo duas medições simultâneas em pares de fótons que foram emitidos em um único evento do mesmo átomo e enviados em direções opostas. E eles mantiveram a sua relação recíproca, provando que Einstein estava errado.

Este experimento foi verificado por outros além de qualquer dúvida. De alguma forma, a segunda partícula foi afetada instantaneamente pelas alterações da primeira partícula não importando o que a distância. Ou a comunicação entre eles era mais rápido do que a velocidade da luz, ou a distância realmente não existe e era uma ilusão.

Isto é conhecido como "não-localidade" pelos físicos, ou seja, não em um lugar, deduzindo que o lugar ou a distância é uma ilusão, que *tudo* é "aqui" ou que *tudo* é local. Talvez devesse ser chamado de "não-distância" em seu lugar. E, evidentemente, a "realidade separada" do fóton em termos de possuir o seu próprio impulso e posição (ao mesmo tempo que é uma onda de probabilidade) no espaço-tempo é refutada.

Nosso Modelo de Mundo Mudará Para O Paradigma Não-Dual

Estas novas experiências da física estão nos forçando a mudar drasticamente o nosso modelo de mundo newtoniano, mecanicista de objetos separados e independentemente existentes como coisas em si mesmas, que operam em conjunto como um enorme relógio de trabalho.

Como é que um fóton, elétron ou um átomo *sabe* quando ele está sendo observado e então se manifesta? O sistema de crença newtoniana do "mundo real" de observador-observado não pode responder a isso. Mas se o observador e o observado são uma construção conceitual de uma observação na consciência, a resposta é mais simples. Não há ondas ou partículas, apenas percepções matérias que aparecem na consciência e, finalmente, interpretadas como "coisas lá fora" e "eu aqui."

Gostaria depois de sugerir aos físicos em todos os lugares (e em nenhum lugar) que o observador e o observado, não são duas coisas separadas auto-existente, mas que *tanto* o vidente como o visto estão aparecendo espontaneamente na consciência como percepções, mas estão sendo interpretadas como duas coisas separadas porque o processo de pensamento conceitual utiliza o modelo de mundo dualista.

Também gostaria de sugerir que *não* há um monte de pequenas consciências separadas em um monte de corpos distintos: o observado e o observador não são dois, mas o mesmo. Ambos são construções mentais criadas a partir de percepções subjetivas. O segredo que os físicos ainda não perceberam é que eles aparecem na consciência como simplesmente uma "observação" que é então interpretada pela mente-dividida (o processo de pensamento dualista) como observador e observado.

Nós não estamos realmente vendo um mundo pré-existente, quando nós "observamos," estamos na verdade *criando* espontaneamente usando as extensões conceituais do espaço-tempo, manifestando os nossos próprios corpos, a cada momento.

Para mim, estes experimentos comprovam a nossa *vida eterna* - não como entidades individuais separadas, mas como a "Consciência Pura," cuja principal fonte é o Absoluto. Esta é a fonte de nosso senso de "Eu sou," o *saber* que Eu sou, aqui, agora. Tudo o mais aparece nesta consciência, até mesmo as percepções de um "eu."

Estes experimentos estão nos apontando para impressionantes, revelações libertadora que tudo "isto" é, na verdade, a mesma "coisa." Isso tudo que existe, é a consciência. E isso é o que realmente somos! Também deve ser tudo a *mesma* consciência - não muitas consciências individuais criadas em muitos corpos individuais como nos foi ensinado (por causa de nossos próprios corpos que estão sendo criados na consciência, não o contrário). É apenas as aparências fenomenais que são diferentes, fazendo parecer que há muitas consciências separadas.

Todos nós somos a mesma sensação de "eu sou," em que muitos pontos de vista estão aparecendo. Como uma analogia bruta, imagine uma grande tela de TV em que muitos programas de picture-in-picture (telas) estão sendo mostradas simultaneamente. Nós somos levados para um dos programas quando na verdade somos a tela inteira. Nós nem sequer notamos a tela, pois ele é o fundo claro sobre onde tudo está aparecendo e estamos agarrados ao que está aparecendo nela. Em outras palavras, nós não notamos que somos a consciência, porque é o fundo claro dentro do qual tudo está aparecendo e nós (na verdade, o *processo de pensamento autônomo*) estamos presos no que está aparecendo. E este mesmo processo de pensamento acredita que é alguma-coisa (o corpo) que está aparecendo nisso.

A mente se identificou com esse corpo como sendo o que nós somos. Se isso já não fosse ruim o suficiente, ela também imaginou outra *coisa* separada um individuo chamado de "eu," misteriosamente habitando o funcionamento deste órgão como o motorista de um carro. E esse "eu" não está sozinho. Também supostostamente somos uma *coisa* separada, um indivíduo chamado de "espírito," uma *coisa* individual separada chamada de "alma," uma *coisa* individual chamada de mente, uma *coisa* individual chamada de ego, etc., todos aglomerados lá, todos disputando o título de "eu." Às vezes, uma delas é o que somos, outras vezes elas são algo que temos ou usamos - o que é imaginado no momento. Isto não é um pouco confuso quando você parar para examinar e verificar?

Ao assistir a um filme notamos que a câmera sempre tem uma localização no espaço e no tempo a partir do qual a cena é vista - caso contrário, nada poderia aparecer. Da mesma forma, um ponto de vista sensorial aparente no espaço-tempo é necessário para a fenomenalidade aparecer e "interagir" com ele. De que outro modo poderia ser? Esta é a finalidade do corpo. Mas isso não significa que o ponto de vista sensorial é o lugar onde a consciência é ou onde estamos ou onde qualquer "eu" está. Assim, quando você está sonhando, a consciência não está *em* seu corpo sonhado, isso é apenas o ponto de vista, a localização perceptual onde o mundo se manifesta usando os cinco sentidos através do espaço-tempo. Em vez disso, *o sonho inteiro* é a consciência. Tudo o que está aparecendo na consciência, *é a consciência*.

A consciência não está no tempo-espaço, na verdade o tempo-espaço está na consciência. O tempo-espaço não é algo em si mesmo. É um *processo conceitual* básico ou mecanismo que a consciência usa para projetar "o mundo" usando as três extensões espaciais e uma extensão temporal como duração.

Nosso mundo objetivo aparentemente separado, assim como a nossa individualidade objetiva separada é simplesmente uma ilusão do processo de pensamento conceitual por causa do nosso modelo de mundo newtoniana aprendido. Isto, naturalmente, não significa que o mundo não exista, ou que nós não existimos. Significa simplesmente que o que é chamado de mundo (e nós) não é como a mente interpreta.

Em breve, seremos forcados a se mover do modelo de mundo newtoniana dualista para a verdadeira realidade não dual. Além dos efeitos libertadores óbvios, este novo paradigma abre vastas e novas possibilidades para explorar o tempo e o espaço, porque, quando compreendermos o-que-nos-somos, não vamos mais estar preso pela materialidade, espaço ou tempo.

A nova física está nos dizendo, claramente, que nós não estamos *no* universo, mas sim que o universo *está em nós*.

AS REAIS
POSSIBILIDADES

"Todos os ensinamentos de todos os mestres de todas as escolas de libertação, não só Budista, Vedanta e Taoísta, mas semita também - como, testemunha:" Não a minha vontade, mas a Tua, ó Senhor "- consiste na tentativa mediante o conhecimento , práticas e manobras para liberar o pseudo-individuo das correntes da vontade, para que, quando for abandonado nenhum cativeiro permaneça.

"'As doutrinas mais puras, como as de Ramana Maharshi, Padma Sambhava, Huang Po e Shen Hui, apenas nos ensinam que basta por meio de análise compreender totalmente que não existe nenhuma entidade que possam ter vontade própria, que um ato aparente da vontade quando de acordo com o inevitável só pode ser um gesto vão e, quando em desacordo, como a vibração de um pássaro engaiolado contra as barras de sua gaiola. Quando ele sabe disso, então, finalmente, ele tem paz e é feliz."

– Wei Wu Wei.
All Else Is Bondage

A forma ideal de existência seria aquela em que tanto o linear (horizontal) e o não-linear (vertical) aspectos da cognição, poderiam ser facilmente acessíveis à percepção consciente. Isto tem sido chamado de "reintegração," e está associada com a dissolução da identificação com o pseudo-eu. Foi, possivelmente, a dependência cada vez maior sobre os processos de pensamento conceitual (mente-dividida) que levaram à submersão e perda de consciência deste inconsciente, não-linear, não-dual aspecto dos processos mentais. Este poderia muito bem ser o que tem sido, juntamente com a identificação com o pseudo-eu, rotulado como o bíblico "queda do homem." Certamente parece razoável equiparar esta "queda" de uma dimensão menor do real para o conceitual, com uma grande mudança na identidade e compreensão. Isto é ainda mais plausível quando se percebe que os termos "do conhecimento do bem e do mal" (Gênesis 3:1) *só* têm sentido em relação a um ego, isto é, como os eventos afetam as necessidades percebidas e desejos de um indivíduo, uma entidade objetiva.

Minha anterior experiência não era a "libertação" final do despertar, mas apenas uma faceta cada vez mais profunda e maravilhoso desdobramento desse entendimento. E, por algum tempo, teve um efeito intrigante. Em vez de uma maior compreensão, eu não tinha compreensão conceitual por um tempo, especialmente da vida não-volitiva. Foi dissolvido tudo o que eu pensava como "meu entendimento." Era uma versão da "noite escura da alma," e foi extremamente desorientador e perturbador. Em seguida, muito gradualmente, o entendimento original começou a se abrir de novo, mas com uma vasta e nova dimensão.

Para muitos, depois do reconhecimento do-que-somos, há um amadurecimento da compreensão, uma revelação recursiva - até que seja livre para passar para trás e para frente entre reinos e dimensões: tempo/sem-tempo - espaço/sem-espaço - coisa/não-coisa - local/nenhum-local. Isso é realmente abordado através da negação de ambos os opostos desse dualismos. A negação não é "nenhum/nem" (nem isto, nem aquilo) - o não-dual.

Você não precisa ter uma experiência semelhante à minha. Tais "experiências espirituais" não são necessárias para a introspecção e não deve ser ativamente procurada. Embora, no começo, possa ser difícil não olhar para algo semelhante afirmando seus insights. Mas com certeza, a sua própria experiência de discernimento, quando isso acontecer, não vai precisar de qualquer confirmação; ele vai ser tão óbvio, tão certo, que vai ser excelente em si mesmo como um importante momento decisivo na sua vida.

Apenas no caso dos pontos mais importantes não serem claramente definidos o suficiente, e correndo o risco de redundância, e também por causa do querido Wei Wu Wei, que poderia muito bem dizer, "E mais uma vez para esclarecimento" - deixe-me reiterar:

Tudo o que há, é a consciência. Não existem pessoas individuais, não há coisas reais. Também não há muitas "pequenas consciências," tais como um para você e um para mim. Há apenas Um. E ainda assim isso não é realmente até mesmo um, porque não há nenhuma "coisa" que é a consciência. O "você" e "eu" são também essa consciência. *Também não existe alguém para saber isso ou agir sobre isso, nem usar isso para controlar a si mesmo ou qualquer outra pessoa.* Ainda assim, podemos dizer, eu sou. Esta é a realidade.

Neste exato momento, a consciência está "vivendo" todos nós e é o-que-somos. Mas também não há qualquer "eu" para ser "entregue" ou mesmo qualquer "eu" para descansar nisso. Nós já somos tudo isso e nada disso.

É só por causa da conceitualização das percepções decorrentes é que as coisas parecem estar separadas. A mesma coisa acontece com o sono nos sonhos, mas, quando despertamos pela manhã, percebemos que era apenas percepções na consciência. Nada mais. E este sonho vivo, não é diferente.

O que acreditamos ser o mundo é simplesmente uma "realidade consensual." Por causa da mentalidade alguns costumam interpretar as coisas neste livro da maneira que eu nunca tive a intenção ou imaginava, não importa o quão eu tente impedi-lo. Não é intencional, mas é porque a mente condicionada irá automaticamente tentar torná-lo em algo familiar.

De qualquer modo, se pudéssemos parar de saltar para a conclusão de que somos uma entidade volitiva objetiva e começarmos a descobrir a nossa verdadeira origem, poderemos então começar a fazer progresso real como seres sencientes.

Habilidades surpreendentes da mente poderiam ser usada de maneiras muito mais inteligentes e produtivas (como elas podiam ter sido num passado distante).

Cabe agora a você, caro leitor, continuar a explorar o milagre infinito do-que-somos. Para abrir novas portas, novas habilidades e conhecimentos agora disponíveis para aqueles que se atrevem, para aqueles que precisam e para aqueles que são convidados para um sentido interminável de maravilha.

Se você irá ou não obter qualquer outra coisa deste livro, espero que você tire pelo menos esta verdade fundamental: encontre o sentido silencioso de ser, a sensação nua e silenciosa de "sou," a consciência com a qual você está conhecendo neste momento - pura consciência - a sensação de presença. Concentre-se no presente e aprenda a apreciá-lo. Este é o milagre dos milagres. Vivemos nele a cada momento, mas é invisível, despercebido e desconhecido para nós, porque nós não percebemos que isso *é* o momento, a cada momento. Esta é a fonte e a essência de tudo o que aparece. Esse reconhecimento vai se transformar em amor, e o amor vai se tornar bem-aventurança que permeia o universo inteiro.

BIBLIOGRAFIA

Sites na Internet

Existe agora um site inteiramente dedicado a Wei Wu Wei e suas obras -
ARQUIVOS DE 'WEI WU WEI':
http://www.weiwuwei.8k.com

Este site do próprio autor que oferece seu livro, O Que Eu Sou: Um Estudo Da Vida Não-Volitiva, e oferece todos os livros de Wei Wu Wei disponíveis atualmente: http://www.galensharp.com

Livros Escritos por Terence James Stannus Gray

NOTA: Todos os livros de Wei Wu Wei, listados abaixo com o editor original já foram republicadas por Sencientes Publicações e estão disponíveis no momento.

Edições publicadas originalmente sob o pseudônimo de O.O.O. Agora publicado pela Sencientes Publicações sob o pseudônimo de Wei Wu Wei.

Unworldly Wise:As The Owl Remarked To The Rabbit. Hong Kong University Press, Hong Kong, 1974.

Sob o pseudônimo de Wei Wu Wei

Tudo Mais É Escravidão: A Vida Não Volitiva. Hong Kong University Press, Hong Kong, 1964.

Ask The Awakened, The Negative Way. Little Brown And Company, 1963.

Fingers Pointing Towards The Moon: Reflections Of A Pilgrim On The Way. Hong Kong University Press, Hong Kong, 1958.

Open Secret. Hong Kong University Press, Hong Kong, 1965.

Posthumous Pieces. Hong Kong University Press, Hong Kong, 1968.

The Tenth Man, The Great Joke (Which Made Lazarus Laugh). Hong Kong University Press, Hong Kong, 1966.

Why Lazarus Laughed: The Essential Doctrine, Zen - Advaita - Tantra. Hong Kong University Press, Hong Kong, 1960.

Traduções por Terence Gray

Translated from the French to English by Terence Grey, aka. Wei Wu Wei:

Benoit,Hurbert. *The Supreme Doctrine, Psychological Studies in Zen Thought*. Viking Press, New York, 1955.

Proximo Passo da Humanidade?

Eddington, Sir Arthur. *The Nature Of The Physical World*. University Of Michigan Press, Ann Arbor, 1974.

Heisenburg, Werner. *Physics And Beyond*. Harper & Row, New York, 1971.

Blofeld, John, Translator. *The Zen Teachings of Huang Po*.p. 127, p. 108, Grove Press, New York, 1958.

O Que é Um Modelo de Mundo?

Bolles, Edmund Blair. *A Second Way Of Knowing.* Prentiss Hall Press, 1991.

Ryan, John K., Translator. *The Confessions Of St. Augustine.* Image Books, Doubleday & Company, Garden City, 1960. See p. 287 Ch 14, What Is Time?

Doresse, Jean. *The Secret Books Of The Egyptian Gnostics. (The Gospel According To Thomas,)* MJF Books, New York, 1986.

A Origem de Todas as Coisas

Harding, Douglas C. *The Science Of The First Person.* Shollond Publications, Nacton, Ipswich, 1974.

Um Novo Paradigma

Eddington, Sir Arthur. *The Nature Of The Physical World.* University Of Michigan Press, Ann Arbor, 1974.

Gribben, John. *Schrödinger's Kittens: And The Search For Reality.*Little Brown, Boston, 1995.

Talbot, Michael. *Beyond The Quantum.*Bantam Books, New York, 1998.

Pool, Robert. *Beams Of Stuff.* Discover Magazine, pp. 104-107, December, 1997.

Heisenburg, Werner. *Physics And Beyond.* Harper & Row, New York, 1971.

Fontes Adicionais:

Balsekar, Ramesh S. *Pointers From Nisargadatta Maharaj.* Acorn Press, Durham, 1982.

Benoit, Hubert. *The Supreme Doctrine.* Viking Press, New York, 1959.

Blackney, Raymond, Translator. *Meister Eckhart.* Harper & Row, New York, 1941.

Blackney, Raymond, Translator. *Meister Eckhart:The Celebrated 14th Century Mystic And Scholastic,* Harper & Row, New York, 1941.

Blofeld, John, Translator. *The Zen Teachings of Huang Po.* Grove Press, New York, 1958.

Bloefeld, John, Translator. *The Zen Teachings of Hui Hai On Sudden Illumination.* Samuel Weiser, New York, 1962.

Bucke, R. M. *Cosmic Consciousness.* E.P. Dutton, New York, 1969.

Chung Yan, Chang, Translator. *Original Teachings Of Ch'an Buddhism.* Vintage Books, New York, 1969.

Dunn, Jean, Editor. *Consciousness And The Absolute: TheFinal Talks Of Sri Nisargadatta Maharaj.* Acorn Press, Durham, 1994.

Dunn, Jean, Editor. *Prior To Consciousness.* Acorn Press, Durham, 1983.

Dunn, Jean, Editor. *Seeds Of Consciousness.* Acorn Press, Durham, 1982.

Harding, Douglas C. *On Having No Head, A Contribution To Zen In The West.* Arkana, London, 1986.

Harding, Douglas C. *The Hierarchy Of Heaven And Earth*. Faber & Faber, Ltd., London, 1952.

Osborne, Arthur. *Os Ensinamentos de Ramana Maharshi*. Samuel Weiser, New York, 1962.

Price, A.F., and Wong Mou-Lam, translators.*The Diamond Sutra &The Sutra of Hui Neng*. Shambala, Boulder, 1969.

Reps, Paul, Compiler.*Zen Flesh, Zen Bones*. Anchor Books, Garden City, 1964.

Schloegl, Irmgard, Translator. *The Zen Teachings of Rinzai*, Shambala, Berkley, 1976.

Scofield, C.I. Editor. *The Scofield Reference Bible*. Oxford University Press, New York, 1969.

Sri Nisargadatta Maharaj. *Eu Sou Aquilo*. Acorn Press, Durham, 1988.

Suzuki, D.T. *Manual do Zen Budismo*. Ballantine Books, New York, 1974.

Suzuki, D.T. *A Doutrina Zen da Não Mente*. Samuel Weiser, New York, 1969.

The Laymen's Parallel New Testament. Zonderman, Grand Rapids, 1970.

Walters, Clifton, Translator. *The Cloud of Unknowing.* Penguin, Baltimore, 1944.

SOBRE O AUTOR

Galen Sharp é um escultor e escritor. Na década de 1970, ele começou trocar correspondências com o brilhante e enigmático sábio Terrence Stannus Gray, que escrevia sob o nome de Wei Wu Wei, e que durou vários anos. Seu ensino transformou completamente a visão de mundo e da vida de Galen. Este livro é fruto da influência de Wei Wu Wei em um jovem em busca da verdade.

www.ingramcontent.com/pod-product-compliance
Lightning Source LLC
Chambersburg PA
CBHW022017090426
42739CB00006BA/168